文・イラスト・写真
うぬまいちろう

大阪　京都　神戸から行く

漁港食堂

西日本出版社

はじめに

「漁港食堂」という、このなんとも趣を持った言葉にいざなわれ、北は北海道礼文島から南は沖縄与那国島まで、ボクは40年近く旅を続けてきた……。

四面を海で囲まれた我が国には、果たして至極うんまい「漁港食堂」が多々あり、どの店舗の思い出も、しっかりとハートの奥に刻まれている次第。

ちなみに離島以外は全て愛車で周り、その殆どを車中泊の旅で過ごしたのだが、歴代の愛車はどれもものすごい走行距離となって仕舞い、中には35万キロを経た状態で、オホーツクを望む荒野で朽ちてしまったものもあった。いやはや、沢山のうんまい思い出の他に、あまたの辛酸をなめたのだが、今となってはそれも愉快な思い出である。

現在の愛車はフォルクスワーゲン・ユーロバンＣＶ・ウェストファリア・カリフォルニアコーチ……、というまるで落語の寿限無のように長い名称を持った小さなキャンピングカーで、実は前記の35万キロにて朽ちた車両と同種の2号機である。

物好きと思う御仁も多いと思うが、小さなキャンピングカーで小さな暮らしをしながら「漁港食堂」を巡る快楽はなににも代えがたいものなのだ。風骨ある漁村の細道をゆるゆると行き、うんまいものを頂いたあとに、食堂のマイスターや、波止で作業する漁民の方々に古き良き時代の漁のお話しを聞き、疲れたらその場でバタンキューとやって、気が向いたらロッドを振り、季節のお魚と対面する……、という旅は実に

楽しい。本書はそのような旅と時を経て生まれたもので、プライスレスなライフワークとしてスローに積み重ねてきた情熱の集大成である。

その情熱の熱価に任せ、取材はコレ全てノーアポの飛び込みとなった次第だが、極めてご親切にお付き合いして下さったお店の方々には、ただただ、ひたすら感謝です。この場をお借りいたしまして、魂のど真ん中から深くお礼を申し上げます。

というわけで果たせるかな、大阪、京都、神戸より日帰りという、本書のテーマを遵守しながらクンクンと鼻をきかせ、スローに渚を探訪した甲斐があって、いくつもの御膳上等なる西の「漁港食堂」を多々発見した次第である……。

さて、最後にちょいと解りにくい表記について説明させて頂こう。本書を熟読していただくと、時折あれれ？　という困惑の語句に突き当たるのだが、たとえば「鯵」と「アジ」または「あじ」というように、意味を同じくして字面が異なる書き方が、本文中にいくつか存在するのだ。しかしながら、それはそのお店のメニューとして書かれていた固有名詞を尊重した結果で、素性と個性を重視してそのように記させていただきましたことを御理解、御納得頂ければ有り難い限りです……。

そんなことを含め、沢山のうんまいお魚を詰め込んだ本書が、皆様にとっての素晴らしき「漁港食堂」との出会いの手助けになれば、描き手もとい、書き手として、幸いなるかな、最高にハッピーであります。

さぁ、旅の用意はできましたか？　ではご一緒に「漁港食堂」の素晴らしき世界へ！

宮崎漁港
「ドライブイン金森」
P.170
富山県
新湊港
「きときと食堂」
P.176
小浜漁港
「朽木屋商店」
P.158
福井県
南浜漁港
「鮎茶屋かわせ」
P.100
富双水路
「四日市港第二船員会館」
P.110
滋賀県
富双水路
「四日市ヒモノ食堂 本店」
P.112
内川河口
（堺旧港親水護岸）
「天ぷら大吉 堺本店」
P.30
泉佐野漁港
「こたや」
P.26
三重県
五ヶ所浦漁港
「丸魚食堂」
P.118
浜島港
「磯料理ヨット」
P.114
加太港
「魚市商店」
P.22
長島港
「万両寿し」
P.122
江田漁港
「八瀬寿司」
P.136
橋杭港
「おざきの干物株式会社」
P.132
勝浦港
「お食事処 大和」
P.128

漁港食堂マップ

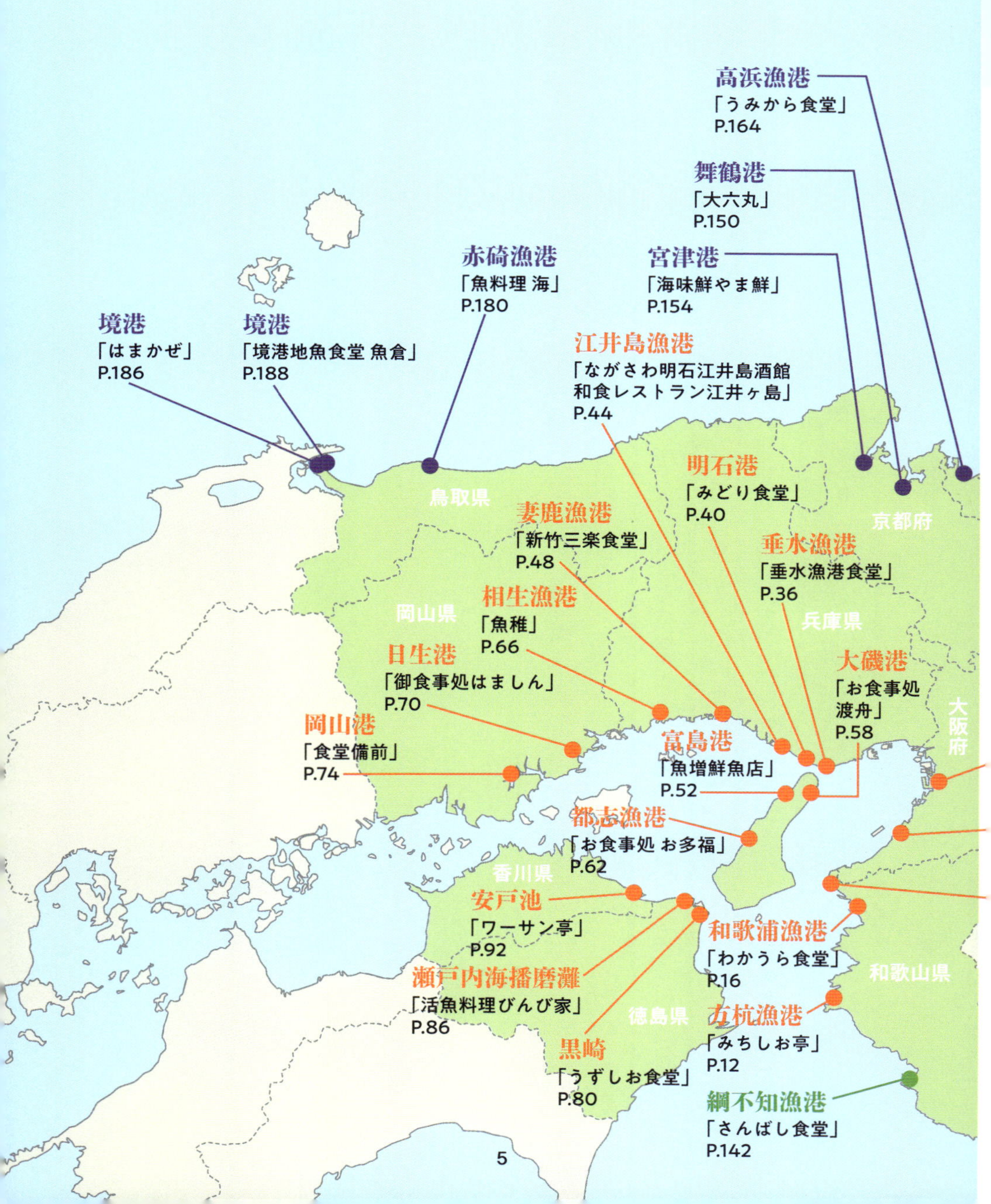
高浜漁港
「うみから食堂」
P.164
舞鶴港
「大六丸」
P.150
宮津港
「海味鮮やま鮮」
P.154
赤碕漁港
「魚料理 海」
P.180
境港
「はまかぜ」
P.186
境港
「境港地魚食堂 魚倉」
P.188
江井島漁港
「ながさわ明石江井島酒館
和食レストラン江井ヶ島」
P.44
明石港
「みどり食堂」
P.40
妻鹿漁港
「新竹三楽食堂」
P.48
垂水漁港
「垂水漁港食堂」
P.36
相生漁港
「魚稚」
P.66
日生港
「御食事処はましん」
P.70
大磯港
「お食事処
渡舟」
P.58
岡山港
「食堂備前」
P.74
富島港
「魚増鮮魚店」
P.52
都志漁港
「お食事処 お多福」
P.62
安戸池
「ワーサン亭」
P.92
和歌浦漁港
「わかうら食堂」
P.16
瀬戸内海播磨灘
「活魚料理びんび家」
P.86
方杭漁港
「みちしお亭」
P.12
黒崎
「うずしお食堂」
P.80
網不知漁港
「さんばし食堂」
P.142
鳥取県
岡山県
兵庫県
京都府
大阪府
香川県
徳島県
和歌山県

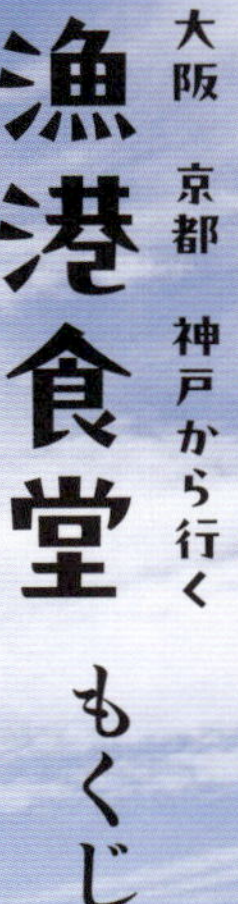

大阪 京都 神戸から行く 漁港食堂 もくじ

はじめに……2

漁港食堂マップ……4

瀬戸内海……10

和歌山県日高町　方杭漁港「みちしお亭」……12

和歌山県和歌山市　和歌浦漁港「わかうら食堂」……16

和歌山県和歌山市　加太港「魚市商店」……22

大阪府和泉佐野市　泉佐野魚港「こたや」……26

大阪府堺市　内川河口「天ぷら大吉 堺本店」……30

兵庫県神戸市　垂水漁港「垂水漁港食堂」……36

兵庫県明石市　明石港「みどり食堂」……40

兵庫県明石市　江井島漁港「ながさわ明石江井島酒館 和食レストラン江井ヶ島」……44

兵庫県姫路市　妻鹿漁港「新竹三楽食堂」……48

兵庫県淡路市　富島港「魚増鮮魚店」……52

兵庫県淡路市　大磯港「お食事処 渡舟」……58

兵庫県洲本市　都志漁港「お食事処 お多福」……62

兵庫県相生市　相生漁港「魚稚」……66

岡山県備前市　日生港「御食事処 はましん」……70

岡山県岡山市　岡山港「食堂備前」……74

徳島県鳴門市　黒崎（無料渡船）「うずしお食堂」……80

徳島県鳴門市　瀬戸内海播磨灘「活魚料理 びんび家」……86

香川県東かがわ市　安戸池「ワーサン亭」……92

琵琶湖……98

滋賀県長浜市　南浜漁港「鮎茶屋かわせ」……100

太平洋……108

三重県四日市市　富双水路「四日市港第二船員会館」……110
三重県四日市市　富双水路「四日市ヒモノ食堂 本館」……112
三重県志摩市　浜島港「磯料理ヨット」……114
三重県南伊勢町　五ヶ所浦漁港「丸魚食堂」……118
三重県紀北町　長島港「万両寿し」……122
和歌山県那智勝浦町　勝浦港「お食事処 大和」……128
和歌山県串本町　橋杭港「おざきの干物株式会社」……132
和歌山県串本町　江田漁港「八瀬寿司」……136
和歌山県白浜町　綱不知漁港「さんばし食堂」……142

日本海……148

京都府舞鶴市　舞鶴港「大六丸」……150
京都府宮津市　宮津港「海味鮮やま鮮」……154
福井県小浜市　小浜漁港「朽木屋商店」……158
福井県高浜町　高浜漁港「うみから食堂」……164
富山県朝日町　宮崎漁港「ドライブイン金森」……170
富山県射水市　新湊港「きときと食堂」……176
鳥取県琴浦町　赤碕漁港「魚料理 海」……180
鳥取県境港市　境港「はまかぜ」……186
鳥取県境港市　境港「境港地魚食堂 魚倉」……188

おわりに……190

●本書で紹介した各漁港食堂のメニュー、価格については、2024年6月現在のものになります。
●ICや最寄駅からの距離や時間は、目安として記載しています。

タコ
旬魚

瀬戸内海

瀬戸内海

約３０００の島が点在する日本最大の内海

「瀬戸内海」は、本州西部、四国、九州に囲まれた日本最大の内海である。その面積は2万３２０３㎢と、途方もなく広大だ。環境省によると、法的な範囲は「和歌山県紀伊日の御岬燈台から徳島県伊島及び前島を経て蒲生田岬に至る直線、愛媛県佐田岬から大分県関崎燈台に至る直線、山口県火ノ山下燈台から福岡県門司崎燈台に至る直線及び陸岸によって囲まれた海面」と記される。

難しいことはさておき、つまりその範囲は山口県、広島県、岡山県、兵庫県、大阪府、和歌山県、徳島県、香川県、愛媛県、大分県、福岡県へと広がっていて、「内海」というたわやかな言葉の印象とかけ離れた、驚くべき領域に渡っているのである。

昭和世代のボクには「瀬戸内海」といえば、小柳ルミ子の大ヒット曲「瀬戸の花嫁」のイメージが極めて強い。点在する小島と眉目よき海原というシーンを連想してしまうのだが、その島の数は、外周が０・１km以上のものだけで７２７島。もっと小さなものまで含めると、なんと３０００に及ぶといわれている。

そんな「瀬戸内海」の島々が織りなす景観に昂ぶりを憶える人は多い。「世界の中でも特筆すべき、島々と海洋が織りなす美の壮観の世界である」という絶賛の言葉を残したのは、シルクロードの定義を定めたドイツの探検家、フェルディナント・フォン・

リヒトホーフェン男爵である。当時、最も世界を知り尽くしたその人を強くいざなう、素晴らしき景観は現在に受け継がれ、眉目よき景勝地として広く認知されている……。

一方、無機質な大阪湾のコンビナート地帯からの眺めもまた「瀬戸内海」である。前記の「瀬戸の花嫁」のビジョンよりとんでもなく乖離してしまうが、なにを隠そうこちらも「瀬戸内海」ということで、ボク自身、「えっ？ ココも瀬戸内海だったの？」と、改めてその広さ、そして多様の表情に驚くのだった……。

かような「瀬戸内海」の語源由来には様々な説があるが、その昔、明石海峡が「明石の瀬戸」と呼ばれ、その「瀬戸」の内側にあたる西側全般を「瀬戸内」というようになった……、という説が一般的だ。ちなみに「瀬戸」とは「迫門」「狭門」「湍門」に由来した言葉で、いずれも読みは〝せと〟であり、海峡を意味する語句である。

そうした「瀬戸」は干満差によって速く複雑な流れを見せる。鳴門、速吸瀬戸などの狭水道では、5～10ノットにも及ぶのだ。その潮流によって「鳴門の渦潮」が発生することは広く知られているが、強力な海流によって海底部の養分が巻き上げられ、あまたの魚類や甲殻類の餌となるプランクトンの育ちがよくなり、ひいては「瀬戸内海」を500種類を超す魚類が生息する、豊かな漁場へと昇華させている。

イカナゴやマダイ、スズキやハマチ、サワラ、そしてマダコなどが特に知られているが、希少種となったアオギス、サカタザメ、ニシナメクジウオ、そして天然記念物である節足動物のカブトガニや、小型鯨類のスナメリなどの棲息地としても著名だ。

はてさて、かくの如き「瀬戸内海」の「漁港食堂」をゆるゆると探訪してみよう。

瀬戸内海
和歌山県
日高町

方杭漁港（かたくいぎょこう）

みちしお亭

和歌山新名産 甘く深い味わいに頬緩む 類なき太刀魚蒲焼料理

禊月（けいげつ）の太陽に照らされてキラキラと輝く紀伊水道を右手に眺めながら、和歌山県道24号御坊由良線を行く。リアス式海岸特有の、入り組んだ名もなき岬を周ると、こぢんまりとして趣ある「方杭漁港」に至る。其処からほんの少し進むと、目的地である「温泉館『海の里』みちしおの湯」である。

折角なので、600円（取材時）の入浴料を支払い先ずは入浴。内湯も素晴らしいが、なんといっても瀬戸内、紀伊水道の奥ゆかしき情景を望む事ができる露天風呂が最高。

悦楽のひと時の後、いよいよこの温泉施設に隣接している食堂「みちしお亭」へ。「先にご飯を食べてもろたら、温泉は100円割引になったんですよ」そう御指南下さったのは、こちらの代表である白井和代さん。お勧めを尋ねると、和歌山の名産である太刀魚の定食が人気だという。またこの時期（冬季）にしか味わうことができないクエ（アラとも呼ばれるハタ科の高級魚）もお勧めだということで、相当悩んだ末、お値頃感があり、それが「漁港食堂」的ともいえるタチウオをチョイス！

【方杭漁港】松原那智勝浦線川辺ICより県道190号を介して23分。
【みちしお亭】和歌山県日高郡日高町方杭100
営業時間／11:00～20:00（L.O. 19:30）（冬季は時間変更あり）
定休日／火曜
TEL／0738-64-2188

「みちしお亭」店内の様子。ご当地土産も購入できる。

店舗前は瀬戸内海、紀伊水道。右奥が方杭漁港となる。

「みちしお亭」が店を構える「温泉館『海の里』みちしおの湯」。ナトリウム・カルシウム塩化物泉質で露天が最高！

風味よろしの傑作！
太刀魚蒲焼風丼

タチウオの定食は、白井さん曰く「フライ定食」が一番人気とのこと。しかしながらメニューには「塩焼き定食（日替わり）」そして、「太刀魚蒲焼風丼定食」という聞き慣れないものがあり、珍しいものに目がないボクは迷わず後者を注文。また、ホワイトボードに「ウツボ唐揚げ」の文字を発見し、そちらもオーダー。

待つこと少々。先に運んで頂いたのは「ウツボ唐揚げ」。定食を待たず思わずぱくりとやるとその刹那、コリコリさくさくした食感と香ばしさ、脂の甘味と塩味が同時に口の中で弾ける。「うんまい！」コレは間違いなくお酒が進む最高の肴であると強く思ったが、残念ながら車中泊の旅真っ最中の身なので、お茶で寂しさをごまかす。

そんなことをしていると待望の「太刀魚蒲焼風丼定食」が運ばれてきた。果たしてそのお味は？　ということでいくつかの小鉢とお吸い物が付いた、優艶なるお盆の並びをけちらすように、ガッ！　と箸をいれごっそりと口に頬張る。その須臾（しゅゆ）、幸せが口中いっぱいに広がる。薄い衣を纏ってカラッと揚げられた太刀魚には、蒲焼きを連想させるほどよき甘味のタレが絡んでおりお米との相性は抜群だ。ご飯と共に噛む程、太刀魚の淡白且つ甘味のある脂の旨みも増して、深く、広くハートが満たされていく！

「うんうん、この甘タレ、絶対にアリ！」ボクは深々と頷き、益々ガッ！　と、ごっそりと、そのご馳走を口いっぱいに頬張るのであった……。

「太刀魚蒲焼風丼定食」の中核、甘タレが絡んだ、見事なタチウオのフリッター。

小鉢と吸い物付きの「太刀魚蒲焼風丼定食」（写真右）1450円。食感と香ばしさが最高の「ウツボ唐揚げ」（写真左）800円。（どちらも季節ものなので年中はなし）

瀬戸内海　魚DATA

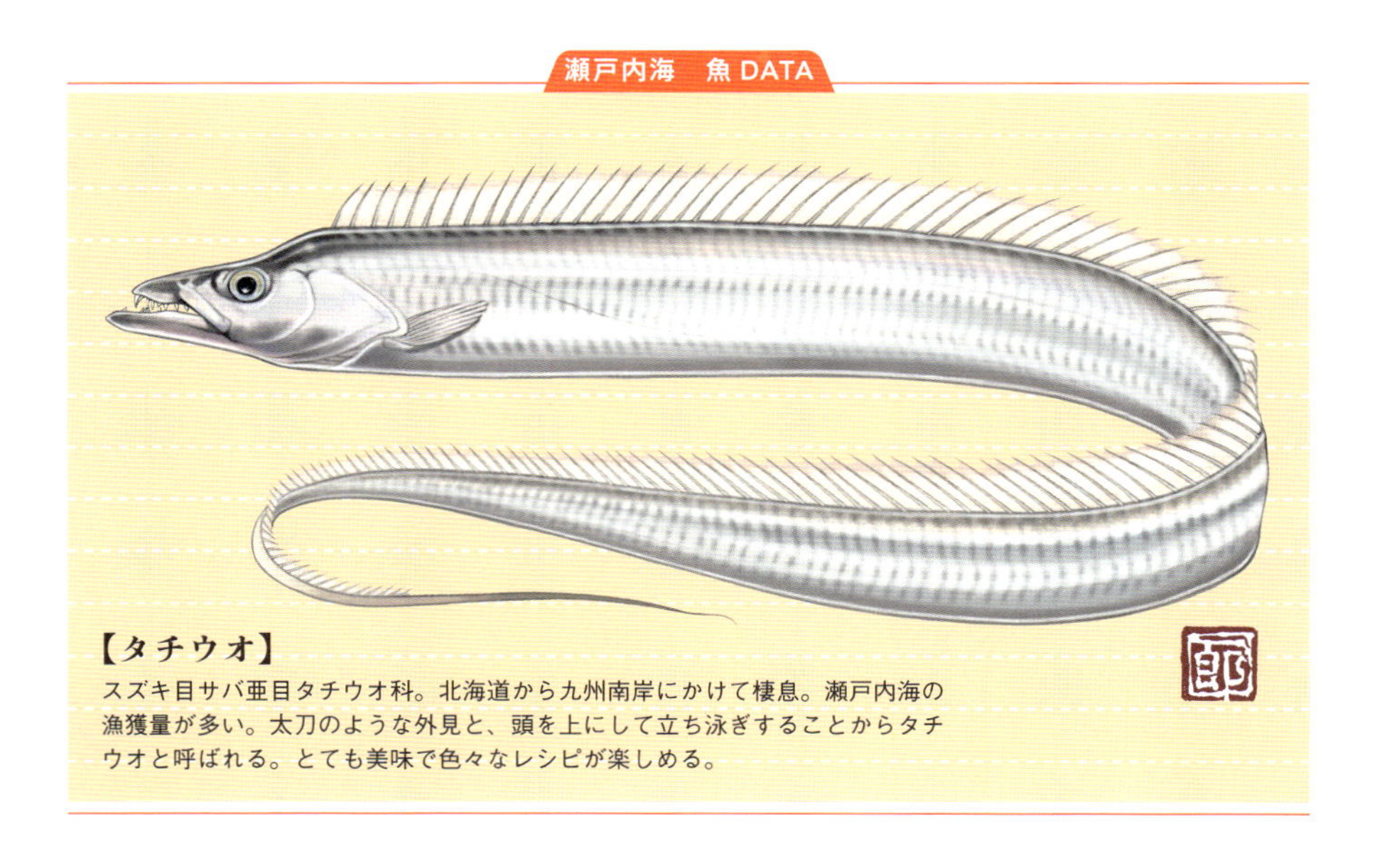

【タチウオ】

スズキ目サバ亜目タチウオ科。北海道から九州南岸にかけて棲息。瀬戸内海の漁獲量が多い。太刀のような外見と、頭を上にして立ち泳ぎすることからタチウオと呼ばれる。とても美味で色々なレシピが楽しめる。

瀬戸内海
和歌山県
和歌山市

和歌浦漁港（わかうらぎょこう）

わかうら食堂

濃厚なる旨み灰干しサンマを
サンマ食文化発祥の
古きよき堂舎でいただく

花見月の阪和自動車道をクルーズし、和歌山南スマートIC下車。県道151号を介して海原を目指すと、絶佳なる和歌浦漁港へと至る。港の駐車場には目的地である「わかうら食堂」の専用駐車場が設けられており、約60台ほどの駐車が可能である。険しき様相の断崖にへばりつくように敷設された様子が見て取れる「わかうら食堂」は風雅且つ奇異で、まるで宮崎アニメに出てくる古きよき堂舎そのものだ。

ほぼ階段で構成される、漁港から食堂への細道も独特の趣溢れる造形で、ワクワクが膨らんでいく。上り詰めていくと、そこには大きな石造りの布袋様が微笑んでおり、実にドラマチックだ。明治モダンか大正ロマンか……。店舗の入り口は髭のオジサンが微笑むように湾曲した、見事な造形の破風（様々な造形の屋根の側面部分）となっており、レトロなランプも実にいい。繊細な格子のついた引き戸を開けると、正しく其処はタイムスリップした別世界であった。飲み込まれるように木戸より店内に入り込むと、更に左右に複雑に展開された房室が設けられており、いやはや圧巻！

【和歌浦漁港】阪和自動車道和歌山南スマートIC下車、15分。
【わかうら食堂】和歌山県和歌山市新和歌浦4-16
営業時間／11:00 ～ 15:00（L.O. 14:00）［土日祝］11:00 ～ 15:00（L.O. 14:00）17:00 ～ 22:00（L.O. 21:00）
定休日／ランチは無休。ディナーは平日。
TEL ／ 073-498-8311

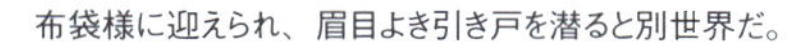
布袋様に迎えられ、眉目よき引き戸を潜ると別世界だ。

急斜面にそびえる、趣溢れる「わかうら食堂」。

高い天井と時が刻まれた梁。赤いソファに腰を鎮めると、素晴らしき眺望が飛び込んでくる「わかうら食堂」の店内。

300年前に起源を持つ紀州のサンマ漁

狭い階段を上ると、広々とした食堂の母屋となる。長年の風雪に耐えたかのような、風情ある梁がむき出しの高い天井と、ベロアのような赤い生地が貼られたソファのコントラストは、大時代的且つ艶やかな世界を醸し出しており、極めて見栄える別世界で、驚きと同時に懐かしく、そして優しさに包み込まれる。古き窓枠からの眺望は、和歌浦漁港越しの絶景の瀬戸内、紀伊水道である。

しばしあっけにとられつつ、はたと我に返って、メニューをめくる。お刺身定食や天ぷら定食、海老天丼にしらす丼、そして鯛しゃぶ御膳という文字が並ぶ。どれも魅力的であるが、ボクを強く誘ったのは「灰干しサンマ御膳」だった。

なぜ紀州でサンマなのか？　サンマといえば北海道や東北のイメージが強いが、実は紀伊半島熊野がサンマの漁発祥の地で、江戸時代初期から毎年秋に群れるサンマを大量に水揚げしていたのだ。熊野灘沿岸地域の丸干しやサンマ寿司は有名だが、ここ紀伊水道側の和歌浦漁港をはじめとする、雑賀崎地域も負けず劣らずで、干物にしたサンマを和歌山城の徳川家に献上し、塩漬けにしたものを江戸に送っていたことが、「俚言集覧（りげんしゅうらん）」という江戸時代の国語辞書にも記述されてる。

というわけで、何故紀州でサンマなのか？　どころではなく、紀州こそ日本のサンマ食文化発祥の地！　といっても過言ではないのだ。

「灰干しは手間が掛かってる分、とっても旨いんです」と教えてくれたオーナーの駿河康史さん。

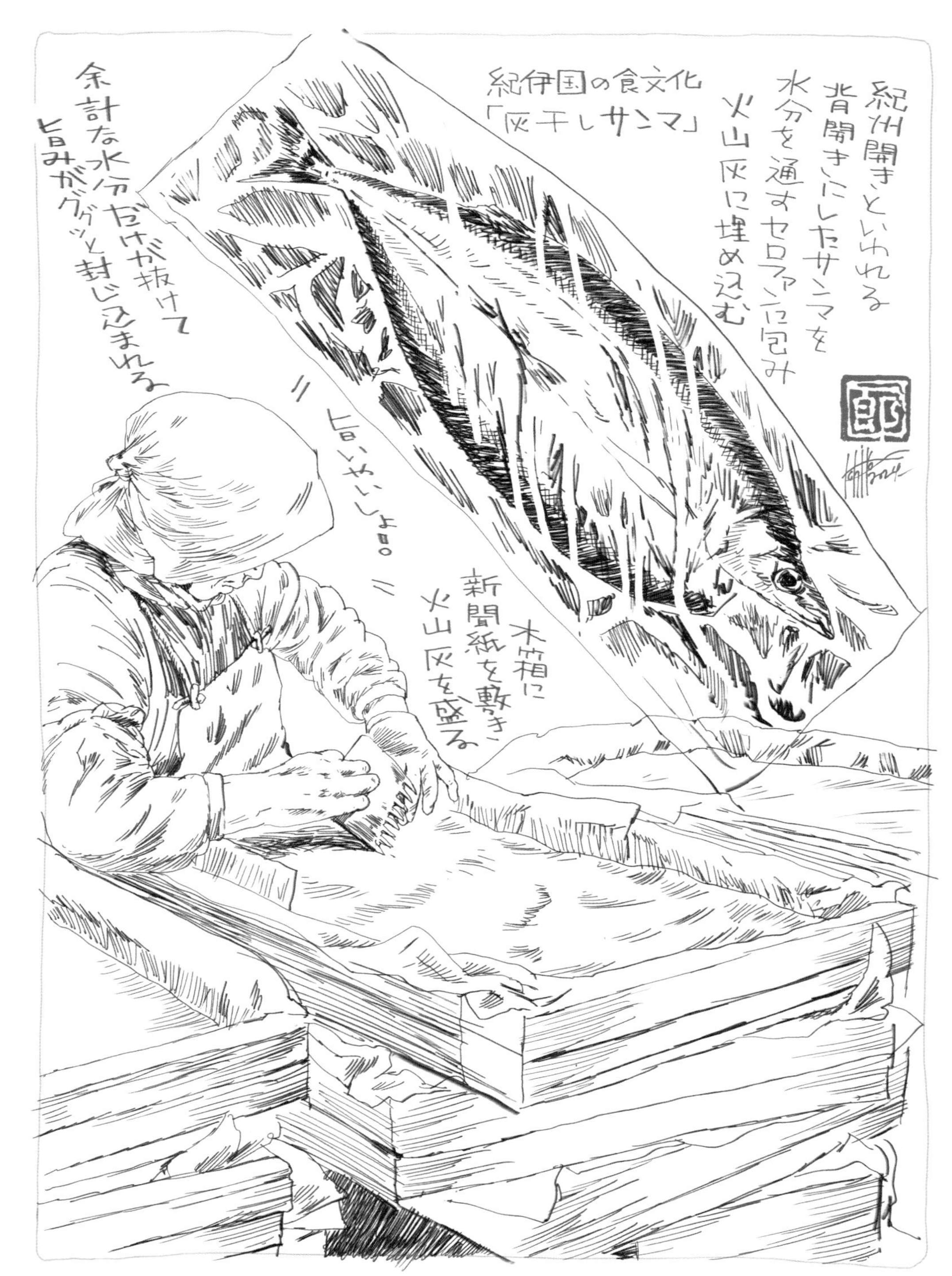

紀州開きといわれる
背開きにしたサンマを
水分を通すセロファンに包み
火山灰に埋め込む
紀伊国の食文化
「灰干しサンマ」
余計な水分だけが抜けて
旨みがググッと封じ込まれる
旨いやいしょ!!。
木箱に
新聞紙を敷き
火山灰を盛る

ちなみに灰干しとは、特殊なフィルムに包んだ魚などの食材を、火山灰の中で空気に触れさせず、長い時間をかけて水分と余分な脂を抜く干物の製法のこと。魚が酸化されず、臭みの少ない干物に仕上がることが特徴だ。

ほどなく運ばれてきた「灰干しサンマ御膳」は、ご飯に味噌汁、ご飯のお供盛り（小鉢2点）、そしてわらび餅と珈琲などの飲料まで付いたお値頃な逸品。美しく盛られたそれに箸を入れ、身を裂いて口に運ぶと、ぱりっと焼けた皮とジューシーな身の間から旨みたっぷりの脂が溢れ、口いっぱいに風味豊かな灰干しサンマワールドが広がる。嗚呼、これ以上の幸せがあろうか……。

さて、食後のボクは禍福に包まれ恍惚となっていた。半ば放心状態で窓の外の和歌浦漁港を眺め、珈琲を啜っていると「この港は急深で、大きな船も停泊できたので、戦時中は連合艦隊の軍艦が停泊していて、山本五十六長官もこの店の常連だったらしいです」と、オーナーの駿河さんがこの建物と港の歴史を教えて下さった。

なんとここ「わかうら食堂」の堂舎は、かつて由緒ある旅館で、あまたの著名人を多々迎え入れていたらしい。朽ちかけていたこの建物の価値を見いだした駿河さんが、5年前（2019年）にリノベーションして「わかうら食堂」の物語が始まったのだ。

「灰干しサンマは入手が困難で、正直仕入れもしんどいんですけど、お客さんが喜んでくださるお顔をみると、ボクも幸せになっちゃうんです……」

駿河さんの笑顔に、ハッピーなエナジーを頂けた花見月の昼方。窓の外には蒼き紀伊水道がキラキラと輝き、どこまでも広がっていた……。

ジュウッ！　と脂がしみ出た灰干しサンマ。パリパリの皮と甘く深い味わいの身がたまらない。

ご飯に味噌汁、小鉢２点、わらび餅と珈琲などの飲料が付いた「灰干しサンマ御膳」は 1450 円。

瀬戸内海　魚 DATA

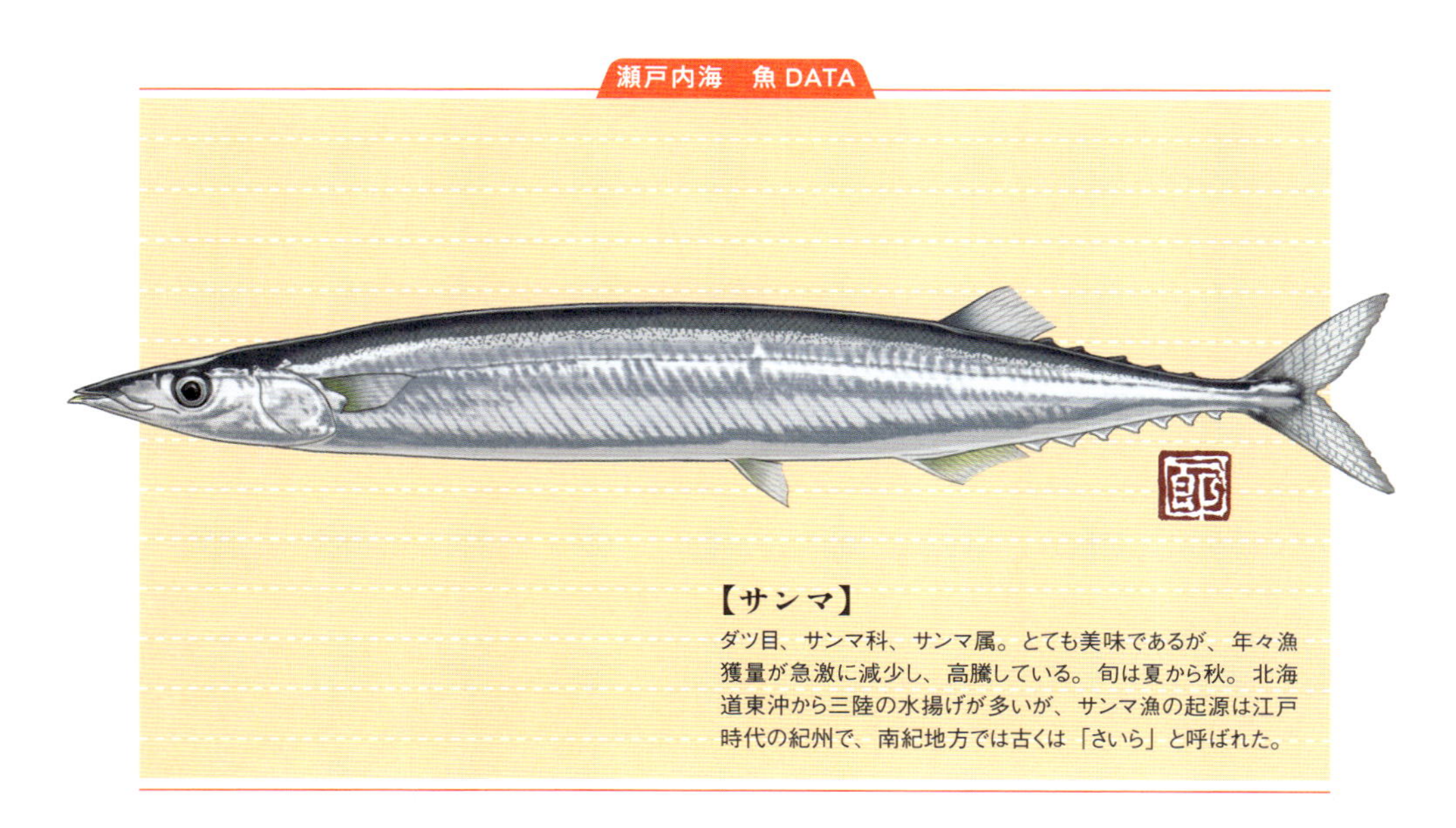

【サンマ】

ダツ目、サンマ科、サンマ属。とても美味であるが、年々漁獲量が急激に減少し、高騰している。旬は夏から秋。北海道東沖から三陸の水揚げが多いが、サンマ漁の起源は江戸時代の紀州で、南紀地方では古くは「さいら」と呼ばれた。

瀬戸内海
和歌山県
和歌山市

加太港（かだこう）

魚市商店

これぞTHE漁港めし！
舌と心に染みいるこよなき逸品
じゃこめしといわし丸干し

和歌山市の加太港にてひときわ目を引くのが、海沿いに造設された、人形供養で有名な淡嶋神社である。境内には約2万体あるといわれる人形が所狭しと奉納され、その種類も、日本人形や市松人形、招き猫、福助人形に木彫りの熊や異国の品々など実に様々。百花繚乱の様相で、ある種異空間的な世界観が醸し出されている。

かような類い希な古刹の参道を行くと、これぞ「漁港食堂」といった様相の屋舎が数件並びで目に留まる。そのうちで一番神社側に根城を構える「魚市商店」へ。

メニューを拝見すると神社の参道のお店らしく、甘味や麺類も散見されるが、アサリの酒蒸しに小あじの酢漬け、わかめの酢のものにめかぶのとろろ、そしてさざえやいか、おく貝の焼きもの、実に芸が細かい。魚好きにはタマラナイ並びである。

勿論、あじフライ定食に、うおいちらんちという定食セットもしっかりと用意されており、それらにビンビンといざなわれたボクであったが、見てしまったのだ！　じゃこめしと、いわし3尾入りと書かれたいわしの丸干し焼きを……。

【加太港】和歌山県道65号岬加太港線沿い。南海電気鉄道加太線加太駅から1.2㎞。
【魚市商店】和歌山県和歌山市加太118 淡嶋神社境内
営業時間／8:00～17:00
定休日／不定休（海沿いのため、天候等により閉店時間変更もあり）
TEL／073-459-0161

平日にも関わらず、常連さんで賑わっていた「魚市商店」の店内。リピーターはお味の証なのである……。

神秘的な淡嶋神社。雛流し、針供養などの神事も高名。

焼き台にていわしを焼いてくれた、板東蒼太さん。

ジャコ飯といわし焼き
そしてあさりのみそ汁に心奪われる

ボクはそれらを迷わず注文。さらにあさりのみそ汁も加えて、オリジナルの定食のできあがり！　このシンプルな組み合わせこそが、これぞＴＨＥ漁港めし！である。

運ばれてきたじゃこめしは、いわずもがな〝ちりめん山椒〟のドカ盛りで、我慢できずにムシャリとやると、口いっぱいにじゃこ（シラス）と醤油、そして白米の甘味が広がり、それに山椒のパンチがアクセントになって、いやはやその旨いこと……。

店舗内の焼き台で、若大将の板東さんが焼いてくれたいわしは、いわゆるマイワシの丸干しだ。たまらずに熱々を頭からガブリ！　とやる。ぱりぱりとした皮と柔らかで香ばしい骨、身と内臓がおりなす強烈な旨みは他に例えようがない。あたりまえのことだが、なにしろ内臓ごと干したいわしの丸干しはいわし臭いのであるが、これがもう魚好きにはこたえられない。よく仕込まれたそれの味わいは、極上のお宝なのだ。

ここまで遙々、あちこちに寄りつつも、１０００キロ以上を旅して来たボクだが、このいわしの一口によって、その長距離走が報われたといっても過言ではない。

さらにあさりのみそ汁が逸品であった。ズズズと啜り、それを胃袋に流し込んだのであるが、嗚呼、その香りと味わいが、これまたたまらぬ旨さであった……。

また来週にでも、ふたたび１０００キロ以上を走ってしまうかも？　余計な心配が脳裏をよぎった、禊月（けいげつ）の明昼（あかひる）であった……。

お店の門口が実に楽しく、商店となっている「魚市商店」。

じゃこめし並 650 円、いわし 3 尾入り 350 円、
あさりのみそ汁 200 円。

なんともいえない香りを棚引かせる、いわしの丸干し。

瀬戸内海　魚 DATA

【マイワシ】

ニシン目、ニシン科、マイワシ属。過去より日本の漁業の中核となっている THE 大衆魚。太平洋沿岸の旬は春の産卵期から脂ののりが回復した 6 月で、梅雨イワシとして珍重する地方が多い。体側の斑紋は、あるものとないものがある。

瀬戸内海
大阪府
泉佐野市

泉佐野漁港(いずみさののぎょこう)

こたや

**瀬戸内直送！鮮魚会社直営
獲れたて漁港めし
御膳上等なる生しらす丼**

暮夜(ぼや)のドライブを強いたせいか、思わぬ寝坊をしてしまったボク……。寝床兼、取材の足となる愛車を走らせ、泉佐野漁港横を流れる佐野川の河口を撮影しつつ、寝ぼけた頭を整えていざ「こたや」へ……。

朝飯は抜きにしたのでお腹はぺこぺこで、勇み、鯛の絵柄の看板が掲げられ、赤い暖簾(のれん)がはためく門口より店内へ。大漁旗や提灯が掲げられた店内は広く、カウンタースペースも多々設けられているので、お一人様でも気楽にくつろげるのが嬉しい。

壁に貼られたメニューを眺めると、いやはや、百花繚乱の様相で、海鮮丼や各種丼ものだけでも30種近くあろうか？ 定食も実に多彩で、アレコレ迷ってしまう。

なかでも中トロの切り身が花弁のように並べられた物凄い盛りの、本マグロ中トロ丼と、店主おすすめと書かれた、タイあら煮定食が強烈に気になったのだが、絶対にここでしか食べられないと思った、大阪湾・生しらす丼を注文する。

待つこと少々。運ばれてきた大阪湾・生しらす丼は、それは眉目よきものだった。

【泉佐野漁港】阪神高速４号湾岸線・泉佐野北IC下車、大阪府道29号大阪臨海線より「佐野漁港前」の信号を右折。南海本線 井原里駅 徒歩17分。南海空港線 泉佐野駅 徒歩20分。
【こたや】大阪府泉佐野市新浜町３番地
営業時間／［平日］11:00〜16:00（L.O. 15:00） 17:00〜22:00（L.O. 21:30） ［土日祝］10:00〜16:00（L.O. 15:00） 17:00〜22:00（L.O. 21:30） 定休日／なし
TEL／072-458-0800

泉佐野漁港横の佐野川河口。
その先には大阪湾が広がる。

大漁旗や提灯で飾られた店内。
机の支えはビール箱だ。

大漁旗を背景に「こたや」の看板娘両名に並んでいただいた。店員さんが元気なのが、このお店のよきところである。

甘くもぬるりとした生シラス特有の食感！

青いネギの上に端麗な透明の生シラスがどっかりと盛られてキラキラと輝き、その中央には生卵の黄身が鎮座しており、端に添えられたレモンの輪切りにはおろし生姜がのっていて、実に見栄えがよい。

「釜揚げしらす・赤出汁セット」を追加した布陣としたことも大成功で、大阪湾のしらすを二極で堪能できて、実に満たされるのである。

レモンを搾り、タレの鉢におろし生姜を入れて混ぜ、輝きを放つ生しらすにかけて「いただきます！」と箸をざっくりと入れる。掬える限りの量を箸で持ち上げてどっかりと口に放り込むと、甘く、そしてぬるりとしてプチリ！　と反応する生シラス特有の食感！　嗚呼、なんという多幸感！　これぞ正しく天国の味！

「親会社が水産業やから、新鮮な生しらすを提供できるんです。地元の生シラスを、全国に広めて、地元に貢献するのが夢なんです」そう語ってくれたのは店長の相川さん。実はラストオーダー近い駆け込みだったボク。いやはや、寝坊して写真など撮っている場合ではなかったのだ。しかしながらそれにも関わらず、相川さんは大阪湾のお魚の話を熱く、そして愛を持ってして語って下さった次第……。

素晴らしき食味の大阪湾・生しらす丼であるからして、全国区となる日は遠くないと確信しつつ、ボクは再び、夢中で生しらすを口に押し込むのだった……。

赤出汁とセットで追加した生しらす丼。ふわっとした食感が最高だ！

これぞ大阪湾の地魚！　大阪湾・生しらす丼 1408 円 + 釜揚げしらす・赤出汁セット 363 円。

瀬戸内海　魚 DATA

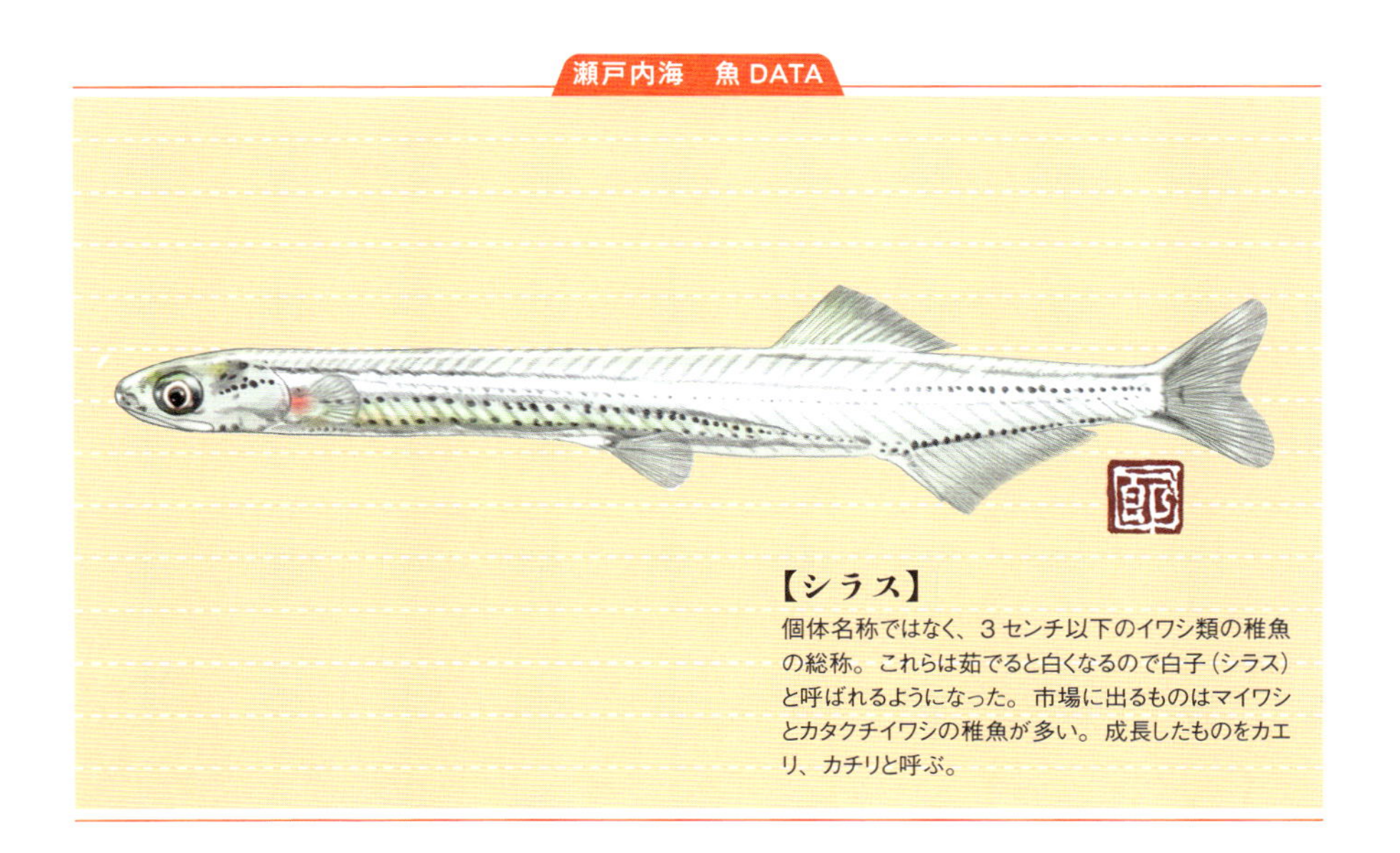

【シラス】

個体名称ではなく、3 センチ以下のイワシ類の稚魚の総称。これらは茹でると白くなるので白子（シラス）と呼ばれるようになった。市場に出るものはマイワシとカタクチイワシの稚魚が多い。成長したものをカエリ、カチリと呼ぶ。

瀬戸内海
大阪府
堺市

内川河口（堺旧港親水護岸）

要塞の城壁ような天ぷら15品 風味豊かなガッチョとまろやかなあさりの味噌汁

天ぷら大吉堺本店

深更、丑の刻……。堺魚市場内という市場を目指し、堺旧港を目指す……。

内川という河川に沿ってスローに行くと、天誅組義士上陸遺蹟碑と書かれた石碑が控えめにライトアップされていた。天誅組とは幕末の動乱期に結成された、尊王倒幕の急進派である。京都方広寺にて決起した彼らが、大阪を経て船で向かったのがここ堺である。彼ら中山忠光以下39名の志士を乗せた船は、ここに舫われたに違いない。

かような儚き歴史の一片に思いを馳せつつ、街角の一角を曲がると、深夜にも関わらず、白熱灯と赤い提灯が煌めく一角があり脈絡なく賑わいを見せる。夜更けの2時にも関わらず、今か今かと心をはやらせる方々が、大時代的な市場の通路にズラリと並んでいるのだ。

「うちらは岸和田から来たんやけど、ジブンはどこから来たん？」と、その列に加わったその刹那、先客に聞かれ、川崎からと応えたら「ゴッツイナァ～！」と返され、知らぬ者同士で、古き市場の闇を照らすランプの下〝どえらく〟盛り上がった次第。

【内川河口（堺旧港親水護岸）】南海堺駅徒歩２分。阪神高速堺線堺出口より５分。阪神高速湾岸線大浜出口より３分。
【天ぷら大吉 堺本店】大阪府堺市堺区栄橋町 2-4-28 堺魚市場内
営業時間／［火～金］23:00 ～ 8:00（L.O. 7:45）
［土日］23:00 ～ 9:00（L.O. 8:45）
定休日／月曜（日曜深夜）
TEL ／ 072-233-8418

食したあさりの殻は、床にこぼすのが大吉ルールだ。

深夜の堺魚市場の一角に灯りを点す「天ぷら大吉」。

市場の賄い食堂らしく、趣ある「天ぷら大吉」の店内。お得な盛り合わせもお勧めだが、魚介類は勿論、単品注文できる。

23時スタートで朝まで営業の深夜営業漁港食堂

「ここは市場の賄い食堂みたいなところやってんけど、今じゃその市場よりも、ここが賑わっとるんやで」先客の御仁は、このお店の四方山話を聞かせてくれた。おかげさまで待つ身の辛さは皆無で、骨折りなく順番が回ってきた。いよいよ23時スタートで朝まで営業という、妙妙たる佇まいの深夜食堂「天ぷら大吉」へ……。

カウンター席に通されると、自分で注文を書いてとのこと。一見さん故にまごついていると、隣の先客があれこれと注文の仕方を親切に教えてくれた。こんなやりとりも大阪の風情を強く感じたボク。感謝と共にこよなく旅情を感じるのであった。

「迷ぉたらこれやで……、ジブンやったらええ体格しとるから、中吉盛りで大丈夫やで」その方は尚も親切に、おまかせで15品の「中吉盛り」というメニューがオススメと強く進めてくれた。素直にそれに従い、さらにこちらの名物「あさりの味噌汁」とご飯も追加！　果たして運ばれてきたのは、いやはや参った……。巨大な皿にドッカリと盛られた、まるで要塞の城壁のような天ぷらの山だった！

還暦を迎え食が細くなってきたボクが、この要塞の城壁を征服することができるだろうか？　とりあえず巨大な皿を回して箸で返し、品を定める。茄子やエリンギ、南瓜等の野菜の他、イカにアナゴ、海老などの魚介も豊富で、実に盛りだくさんである。

見知らぬもの同士、大いに盛り上がった「天ぷら大吉」の一夜。関西の方々は情に厚いのである。

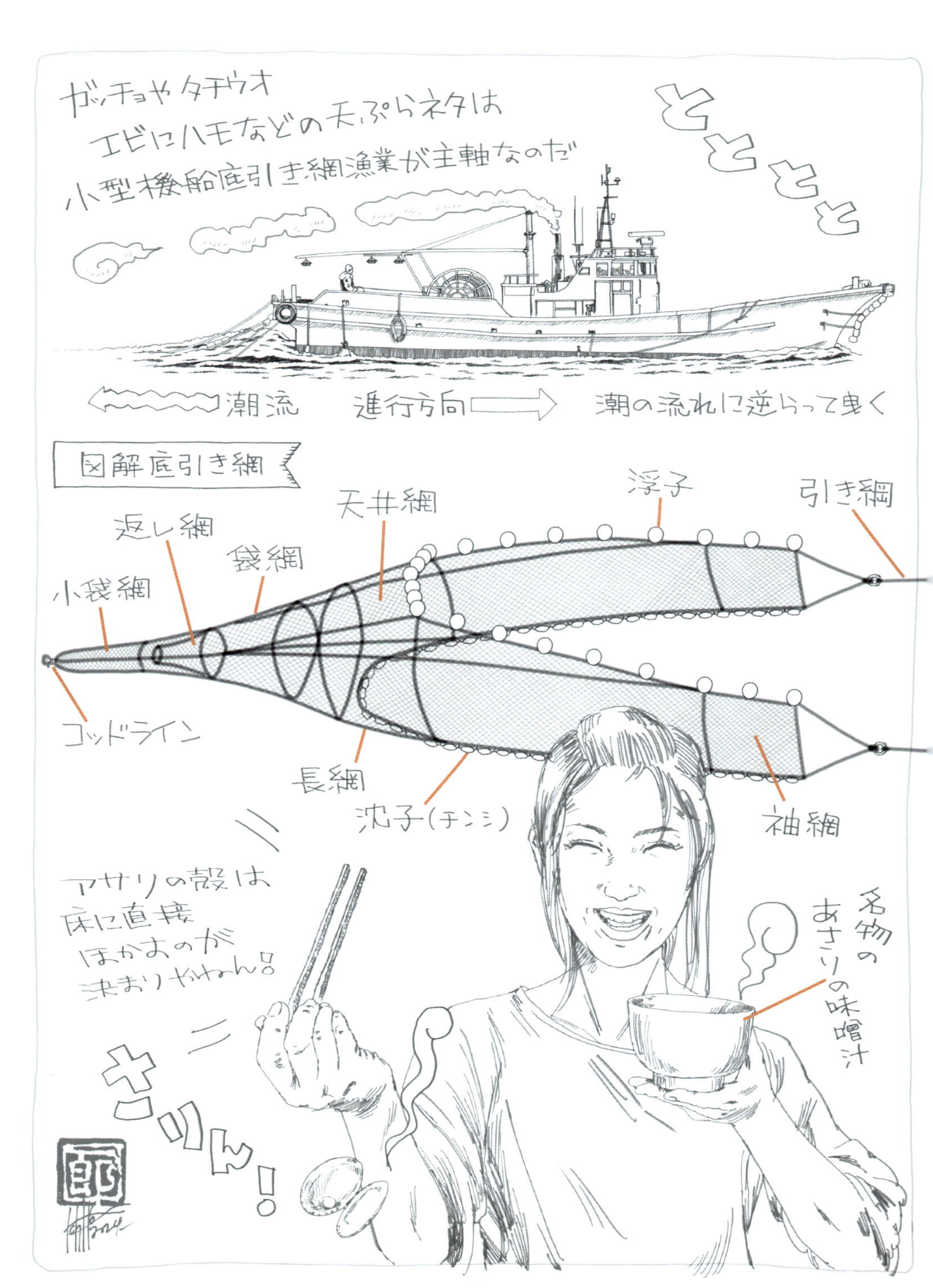
ガッチョやタチウオ
エビにハモなどの天ぷらネタは
小型機船底引き網漁業が主軸なのだ
とととと
潮流
進行方向
潮の流れに逆らって曳く
図解底引き網
浮子
引き網
天井網
返し網
袋網
小袋網
コッドライン
長網
沈子(チンシ)
袖網
アサリの殻は
床に直接
ほかすのが
決まりやねん!
名物のあさりの味噌汁
さりん!

どれにしようかなと悩みつつもその須臾、見つけてしまったのである。ピン！　と出た尾鰭のそれを。「ネズッポみっけ！」とココロの中で叫び、狂喜するボク。「ネズッポ」とは「ネズミゴチ」の俗称で、特に関東の投げ釣り、沖釣り愛好家にこの呼称を愛する者が多い。川崎出身のボクは迷うことなく「ネズッポ」なのであるが、こちら大阪では「ガッチョ」と呼ぶのだ。「ガッチョ」の由来はエサにがつがつと食らいつくからだそう。ちなみに見た目は不細工なのだが、実に旨いのだ、コレが！

先ずは……、と迷うことなく箸で摘んで、大根おろしがたっぷりと入った天つゆに漬け、熱々のそれを、ふーふーとやって、パクリ！　瞬時に広がる「ガッチョ」ワールド！　嗚呼、なんという妙味！　さくっとした食感のあとにはほんのりとした甘味が続き、皮目には特有の香ばしさが溢れる。白身魚本来の旨味が満ちあふれ、ボクは「ガッチョ」の艶やかなる食味に、したたかに酔いしれるのだった……。

続いてイカやエビに数多の野菜もさくさく、バリバリと頂き、間髪を入れずに「あさりの味噌汁」をズズズと啜ると、これがまたお見事な風味。上品でまろやかな旨みが天ぷらとすこぶるマッチするのである！　更に殻を指で持ちジュルッ！　あさりの身をいただく。その旨みはなお一層、然ばかり濃厚となる。流石の名物なのである。

そんなこんなで、己の心配を他所に、天ぷら15品を「ガッチョ」のようにがつがつと完食！　流石にその後、愛車にて少しの仮眠をいただいた……。

程なく暁にむっくりと起床し、未だカエルのように膨らんだお腹を労りつつ、深夜の街道をスローに流す。次の約束の地は旭日の向こうである……。

天ぷらのお供、絶対に外せない「天ぷら大吉」名物の「あさりの味噌汁」は440円ナリ。

単品注文より断然お得！　その時の旬のネタおまかせの「天ぷらの盛り合わせ　中吉盛り」は2500円。

瀬戸内海　魚DATA

【ネズミゴチ】

スズキ目、ネズッポ科、ネズッポ属。名称由来は、口がネズミのように先細りだから。大阪ではガッチョという。ノドグサリとも呼ばれ、関東ではメゴチというが標準和名の別種、メゴチとは別物でややこしい。大変美味で浜値は高額。

瀬戸内海
兵庫県
神戸市

垂水漁港（たるみぎょこう）

港より最短産直！名物、冬の釜揚げシラス丼と旬の特上日替わり海鮮丼！

垂水漁港食堂（たるみぎょこうしょくどう）

兵庫県神戸市の西端に位置する垂水漁港は、都市圏に瀬戸内海、大阪湾の海産物を多々流通させている、食の重要拠点である。

需要が多いからであろうか、月～土曜日の正午に催される「昼市」が垂水漁港の商いのシステムで、その仕組みも一風変わっており、仲買人を介在させず、鮮魚商が直接指を立てて値段を付けるといった様式だ。そのテンポは軽快敏速で、早い日はわずか15分でセリが成就してしまうという。主な水揚げはシラス、イカナゴ、エビ、カレイなどで、日本有数のノリの水揚げ漁港としても広く知られている。

「神戸のシラスのシーズンは、ゴールデンウィークから12月くらいまでと、わりと広いんやね。シラスがプランクトンを食べる前に獲るので、お腹が透明のまま市場に出るんですよ。運がよければその日に獲れたものをここで食べることができるんです」

垂水漁港のシラスをはじめ、あまたの鮮魚の話を聞かせてくれたのは、こちらの漁協堂舎にて「垂水漁港食堂」を切り盛りする大段店長。

【垂水魚港】JR 垂水駅・山陽電車垂水駅から徒歩 10 分。第二名神道路高丸 IC より 10 分。
【垂水漁港食堂】兵庫県神戸市垂水区平磯3- 7- 125 水産会館 2 階
営業時間／［月水木］9:00 ～ 15:00（L.O. 14:30）［金～日］9:00 ～ 17:00（L.O. 15:00）仕入れた鮮魚がなくなり次第終了
定休日／火曜
TEL ／ 070-1276-0995

「昼市」の札。手前の板はひな壇のような構造である。

水揚げされたワカメと、和船を離岸させる漁師さん。

「垂水漁港食堂」の店内。垂水漁協堂舎２階に位置するため、絶景のオーシャンビューとなっている。

スズキの濃厚な旨みと歯ごたえ

大段店長にお勧めを訪ねると、その日のお勧めが入る「特上日替わり海鮮丼」と、こちらの名物とうたわれる「冬の釜揚げシラス丼」がイチオシとのこと。「今日はいいスズキが港に入って来てます」という店長のヒトコトで「特上日替わり海鮮丼」をオーダーしたが、名物も至極気になったので、この際2品をオーダー。

待つこと少し、見栄えよき2品が運ばれてきた。先ずは「特上日替わり海鮮丼」をじっと眺める。ブリにサワラ、アジ、ホタルイカなど満艦飾である。迷わず地物であるというスズキを箸に！　透明感があり、なおかつ血合いが美しいポイントとなっている切り身を醤油に漬け、ご飯と共にガツガツと犬のようにかき込む！

咄嗟にわたるスズキの濃厚な旨みと歯ごたえ。あっさりとしているのに舌に染み入る脂が最高だ！　スズキは古来よりタイやブリ同様の、縁起のよい魚とされており、古事記には、大国主命が出雲の国で宴を催し、スズキが卓を飾ったと書かれている。

かくの如き吉兆魚たるスズキの旨さに酔いしれつつ、「冬の釜揚げシラス丼」にも手を出す。薄塩仕立ての釜揚げしらすは、ふんわりふっくらと口の中で広がり、それが白米との秀麗なるデュオを奏でるのであった。かくしてあっというまに2品完食！

お腹をさすりつつ、頭顱をあげると、窓の外は垂水漁港から連なる、明石海峡の蒼きオーシャンビュー。遠くを眺め悦に浸るボクだった……。

「垂水漁港食堂」の大段邦明店長。ランチタイム命ですとのことで、お昼に是非。

名物「冬の釜揚げシラス丼」並盛り780円。

日替わりネタの「特上日替わり海鮮丼」1380円。

瀬戸内海　魚DATA

【スズキ】

スズキ目、スズキ科、スズキ属。セイゴ - フッコ（関西ではハネ）- スズキと、成長に伴い名称が変わる出世魚。大変美味でレシピも豊富。旬は特に脂が乗る夏季だが通年食される。近年はルアーフィッシングの対象魚として遊漁でも人気。

瀬戸内海
兵庫県
明石市

明石港（あかしこう）

「明石ダコ」と「明石鯛」双璧を成す珠玉の品に愉楽の舌鼓を打つ……

みどり食堂

デリックと呼ばれる櫓がそそり立つ、小型底引き網漁船が幾艘も舫（もや）われた、旅情溢れる明石港……。目指す「みどり食堂」は、その明石港の玄関口、淡路ジェノバラインという旅客船のりばの目の前である。

暖簾（のれん）を潜り、格子の引き戸を開いて店内へ。食堂中央に鎮座するショーケースにはあまたのお造りや煮物が置かれており、ひときわ目立つタイのあら煮と明石ダコの煮付けは、どちらも眉目よき色づきを見せる。早速メニューを手に取り、名物「明石タコ入りだし巻き玉子」と「鯛の漬け丼」を注文する。

「明石のタコは柔らかくて甘みがあって、すごく美味しいんだけど、入手が難しくて、専門の業者さんから仕入れてるんです」食材の下ごしらえを器用にこなしながら、女将の谷本素子さんが明石のタコのお話を聞かせてくれた。

潮流の速い明石海峡周辺で育った「明石ダコ」は、激しい潮流に流されないよう踏ん張るので、足が太く短いことが特徴だそう……。

【明石港（淡路ジェノバライン 明石港のりば付近）】JR 明石駅から徒歩約 7 分。山陽明石駅から 700m。第二神明道路大蔵谷 IC より 9 分。
【みどり食堂】兵庫県明石市本町 1 丁目 12-11
営業時間／［平日］9:30 ～ 19:00 ［日］9:30 ～ 15:30
定休日／月曜、他月 6 回ほど不定休
TEL ／ 078-911-3579

食堂から約３分ほどの魚問屋街「魚の棚商店街」。

デリックと呼ばれる櫓を艤装(ぎそう)した、小型底引き網漁船。

「みどり食堂」の店内。中央のショーケースには、沢山のオカズがならべられており、眺めているだけで楽しい。

マダコ特有の甘い香り そしてマダイの脂の旨み

さらにカニやエビといった甲殻類を沢山食べているので、その味は甘くて濃厚で、噛む程に味が深まるという。かような「明石ダコ」を熱々の卵焼きに閉じ込めた「明石タコ入りだし巻き玉子」を早速口へ運ぶ。

熱々で、ふわっとした食感を感じるや否や、出し汁がジュッと染み出て、さらにその須臾（しゅゆ）、我が国マダコ界のチャンプ、「明石ダコ」が舌に触れる。噛み応えの直後より柔らかく歯切れよく、これまた熱々でジュワッと深い旨味が広がり、マダコ特有の甘い香りが口いっぱいに広がる。喜悦の極みここにあり……。

お次は「鯛の漬け丼」である！　箸でグワッと鯛の漬けと米を掴み、豪快にどっと口に入れると、嗚呼、鯛が泳ぎ出す！　柔らかく、そして適度な歯ごたえのある漬け鯛は、脂の旨みと甘さが絶妙！　しばし目を細めてしまったボクだった。

「明石鯛」は「明石ダコ」同様に激しい潮流にもまれるため、引き締まった極上の身を持つというが、いやはや全くその通りの逸品だ！　こちらの漬け鯛は、鯛の風味を残すために、漬けタレは絡める程度に留めているのだという。創業昭和21年という長き時に鍛錬された、このお店だからこそのレシピのひとつだ。

お腹を至福で満たした後、お店から徒歩3分ほどの「魚の棚商店街」へ。約400年の歴史を持つ市場通りはこれまた「明石ダコ」のように、格別の風情であった。

明るく接客して下さったのは「みどり食堂」を切り盛りする谷本素子さん。

「鯛の漬け丼」1300円（みそ汁、漬物付き）。

名物「明石タコ入りだし巻き玉子」660円。

瀬戸内海　魚DATA

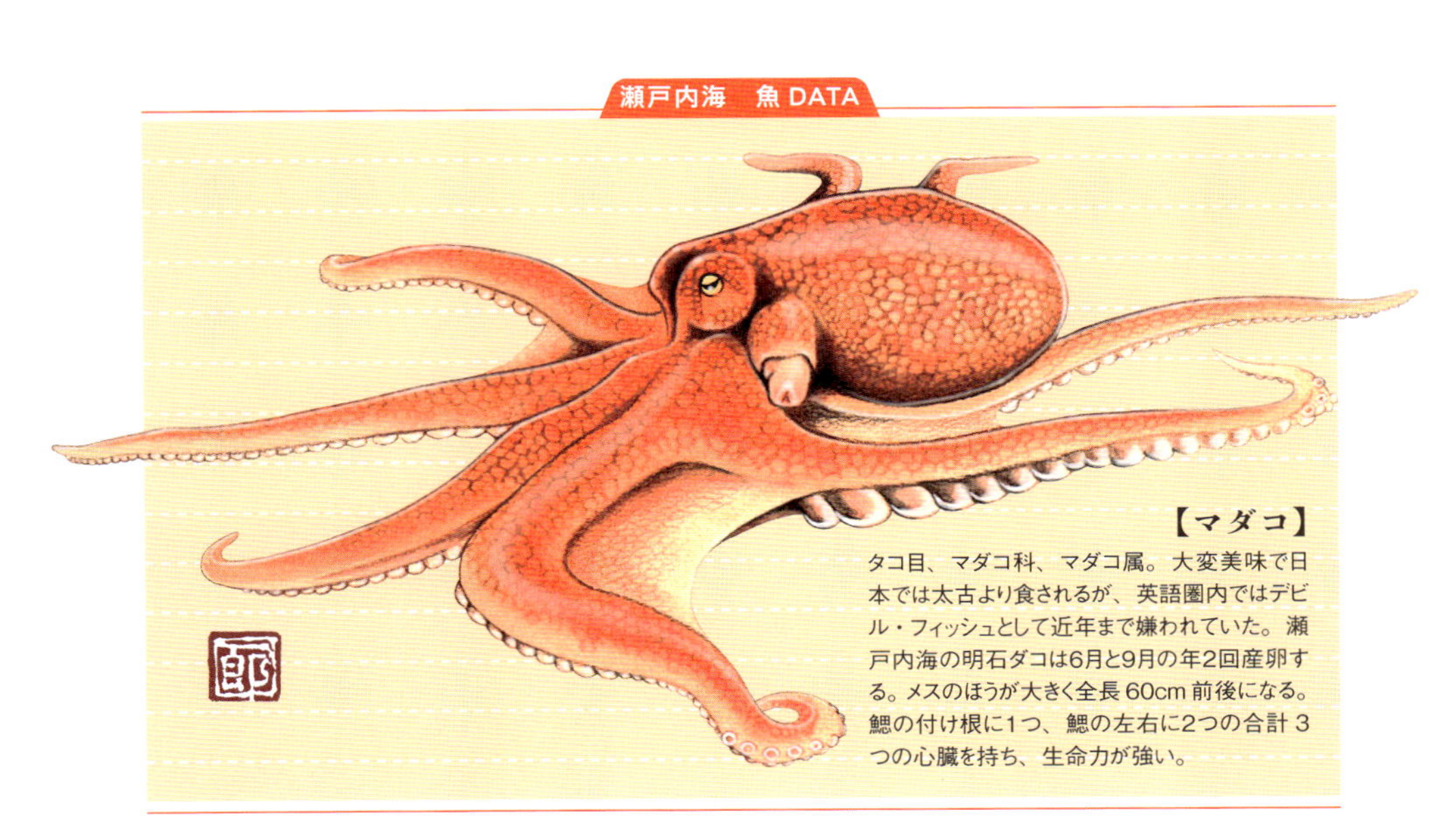

【マダコ】

タコ目、マダコ科、マダコ属。大変美味で日本では太古より食されるが、英語圏内ではデビル・フィッシュとして近年まで嫌われていた。瀬戸内海の明石ダコは6月と9月の年2回産卵する。メスのほうが大きく全長60cm前後になる。鰓の付け根に1つ、鰓の左右に2つの合計3つの心臓を持ち、生命力が強い。

瀬戸内海
兵庫県
明石市

江井島漁港（えいがしまぎょこう）

ながさわ明石江井島酒館
和食レストラン江井ヶ島

迫力満点……豪快且つ希代なる品書き びっくりたこドンに驚愕

「明石のタコ料理で、他にはないものを考えようということになって、それで料理長が発案したんです。でっかいから、ハサミで切って食べて下さいね」

目を丸くして正しくビックリ！　のボクに、こちらの名物「びっくりたこドン」の由来を教えて下さったのは、「和食レストラン江井ヶ島」の母体である「ながさわ明石江井島酒館」の穐原（あきはら）課長。

「びっくりたこドン」は明石ダコ1匹を使った迫力満点のメニューで、その出で立ちは他には見られない、実に突き抜けたものだ。丸ごと一杯、しかも高価で珍重される明石ダコを姿揚げにした品書きなど、他にあろうか？

明石ダコの姿揚げは、所々黒光りしている海苔の天ぷらに乗せられており、衣越しに艶やかなえんじ色を滲ませる明石ダコとのコントラストは、実によき整いをみせる。

盆に添えられたカット用のハサミを巨大なタコに入れると、チョキン！　と音がしたような錯覚にとらわれる。それほど身がしっかりしているのだ……。

【江井島漁港】山陽本線西江井ヶ島駅から徒歩17分。第二神明道路大久保IC下車14分。
【和食レストラン江井ヶ島】兵庫県明石市大久保町西島1194
営業時間／11:00～15:00（L.O. 14:30）、17:00～20:30（L.O. 20:00）
定休日／不定休
TEL ／ 078-948-2060

静かなる小夜に、作業灯に照らし出された江井島漁港。

「ながさわ明石江井島酒館」内のショップの、趣在る柱。

「ながさわ明石江井島酒館」と屋舎をともにする、酒蔵を改装したウッディな「和食レストラン江井ヶ島」の店内。

円熟した甘味が溢れる立って歩く明石ダコ

ハサミでカットしたそれを口に入れ、咀嚼した瞬刻、タコの身はさくっと歯切れよく、それでいて弾力もあるのだ。噛む程に芳醇な香りに満ちあふれ、濃縮されたタコの甘味が解き放たれる。衣にかけられてじんわりと滲む甘めの醤油だれも、その深い甘味を一層際立たせ、ご飯との相性も抜群である。

さらに追加した「たこ煮付け」がこれまた見事な出来映えであった。「びっくりたこドン」の姿揚げよりも、更にディープなえんじ色に染まった明石ダコは、いやはやうっとりとするほど柔らかく、円熟した甘味があふれ出して舌がとろけてしまう。

激しい潮流に揉まれて育つ明石ダコは、足が太く短く弾力性があり、旨みが濃厚で「明石のタコは立って歩く」といわれているそうだが、その話説、真に納得！　あまりの素晴らしさに、ボクが立ち上がって仕舞いそうだった……。

「この建物は、元は酒蔵だったんです。地ビールも自慢なので、機会があったら是非楽しんで下さいね」

穐原課長は、古きよき酒蔵の希有なる造りを指南して下さり、ボクはその柱や梁に刻まれた、あらゆる痕跡に、遙かなる時の流れを強く憶えた次第。

お腹を満たした後、漆黒の江井島漁港にて風に吹かれる。所狭しと並べられた漁船の防舷材(ぼうげん)が擦れ合い、ギュウギュウと音を立て、夜更の海は意外と賑やかであった。

眉目よきえんじ色に染まった「たこ煮付け」のアップ。香り、味ともに御膳上等。

希有なる「びっくりたこドン」2130 円（味噌汁付）。

至極柔らかで豊かなる香りの「たこ煮付け」650 円。

＊主な食材はマダコ。詳細は 43 ページを参照。

瀬戸内海
兵庫県
姫路市

妻鹿漁港（めがぎょこう）

新竹三楽食堂（しんたけさんらくしょくどう）

巨大市場の食堂にて
凄盛り海鮮丼に覚醒ス！
10数種に及ぶ驚愕のネタ！

国道2号姫路バイパスを西へクルーズ。姫路東出口より市街地へ。ゆるゆると流して姫路市中央卸売市場へと至る。

この市場は2023年（令和5年）3月13日に、ここ姫路市白浜町に移転したばかり。未だ新品の部材や建具の香りが漂っているかのような佇まいを見せる。早速、目的地である市場の敷地内の施設、姫路市中央卸売市場卸売場棟へ。

棟内はスクエアな造成でとても清潔感が漂う近代的な構造だ。実はボク、こちらのそれは古い古い情報をお脳に入力しており、やっちゃ場的な造形を勝手に想像していた次第。なのであまりの目覚ましさに、面食らいつつも、端正な堂舎の奥に暖簾（のれん）を出す「新竹三楽食堂」へ。

「今日の海鮮丼（上）は、ハリイカ、生マグロ赤身、前どれ太刀魚、炙りサワラ、マグロの炙り、タイ、ブリ、サーモン、北海サンマ、北海ウニ、サーモンイクラ、ずわいカニ身、赤エビ、ホ立貝柱になります」

【鹿妻魚港】国道２号姫路バイパス姫路東出口より９分。山陽電気鉄道本線白浜の宮駅より徒歩 19 分。
【新竹三楽食堂】兵庫県姫路市白浜町1920- 54
営業時間／ 8:00 ～ 15:00（L.O. 15:00）
定休日／水曜、日曜、祝日　※祝日のある週は水曜営業
TEL ／ 079-240-6234

2023年3月に移転新築された、姫路市中央卸売市場。
甘き漬けタレに潜らせた、無垢なハリイカの切り身。

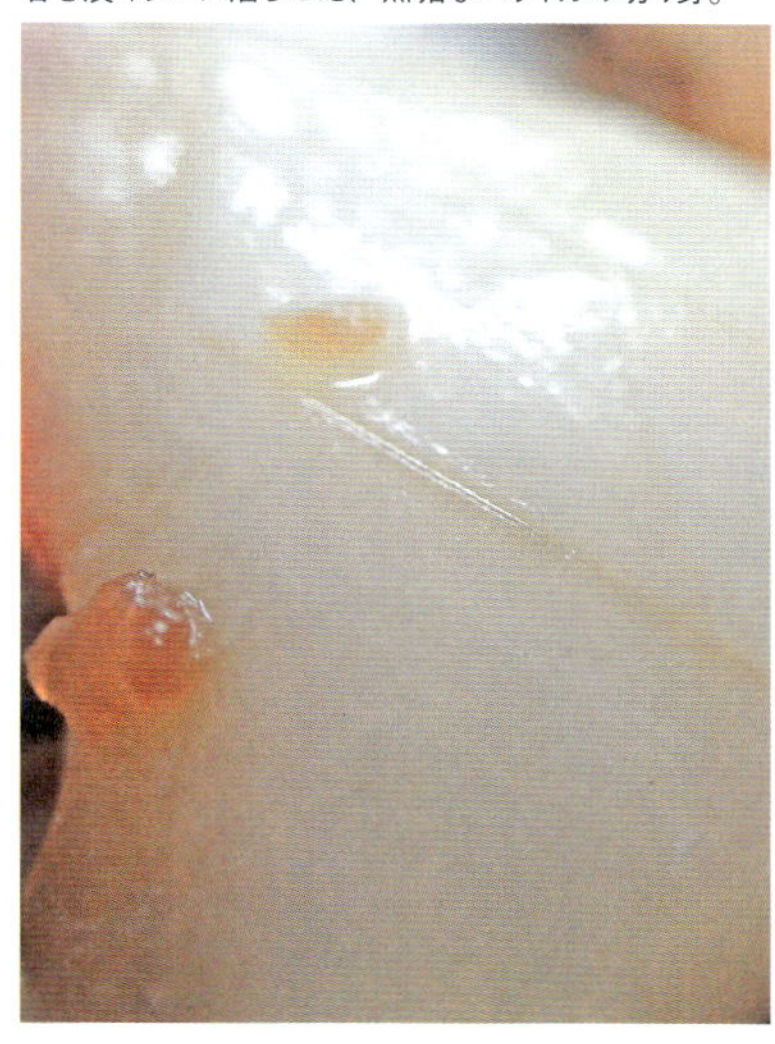

姫路市中央卸売市場卸売場棟に暖簾を出す「新竹三楽食堂」の店内。こちらの魚を目当てに訪ねる人が多いのだ。

ハリイカ、マグロ、太刀魚にタイ……楽しくもウマシ！の市場の明昼

前掛けをした桑原さんが、丁寧に「海鮮丼（上）」の具材の説明をしてくれた。正直、その具材の多さに驚いてしまったボク。果たして運ばれてきたそれは、説明通りの凄い盛りの、正しく海鮮アベンジャーズ！　百花繚乱、より取り見どり、いずれ劣らぬそうそうたるネタの群れである。嗚呼、どれから頂こうか！

迷った末に、ハリイカという桑原さんの第一声がお脳に木霊（こだま）したので、ドリャッ！と箸を突き刺し、ご飯と共に口にかき込んだボク。途端にハリイカ特有のコクある深い甘味と、トロリとした柔らかな口当たり、そして、さっと潜らせた甘露なるタレの風味が口いっぱいに広がる。なんという至福……。

ハリイカは、ボクの住む関東ではスミイカ、またはコウイカと呼ばれ、江戸前寿司ではアオリイカよりも古典的で粋なネタとして珍重されている。

しかし他のネタも文句なしに旨い！　マグロやタイ、サワラと電光石火で箸が進む！　漬けネタを楽しんだ後は、鯔背（いなせ）な市場の業者を気取り、侠気（おとこぎ）でわさび醤油をぶっかけ、ガツガツとやって快楽に溺れる。それでもって10分とかからず完食！

旨すぎるものはどんどん胃袋にはいってしまうという例に漏れない、美々しくもあっぱれな天下無双の海鮮丼を頂き、お腹をさするボクだった……。

左から桑原さん、高瀬さん、神頭さんの新竹三楽御三家。

ネタの盛りが至極強烈！　常に10種以上の海鮮丼に更にネタがプラスされた「海鮮丼（上）」1800円。

瀬戸内海　魚DATA

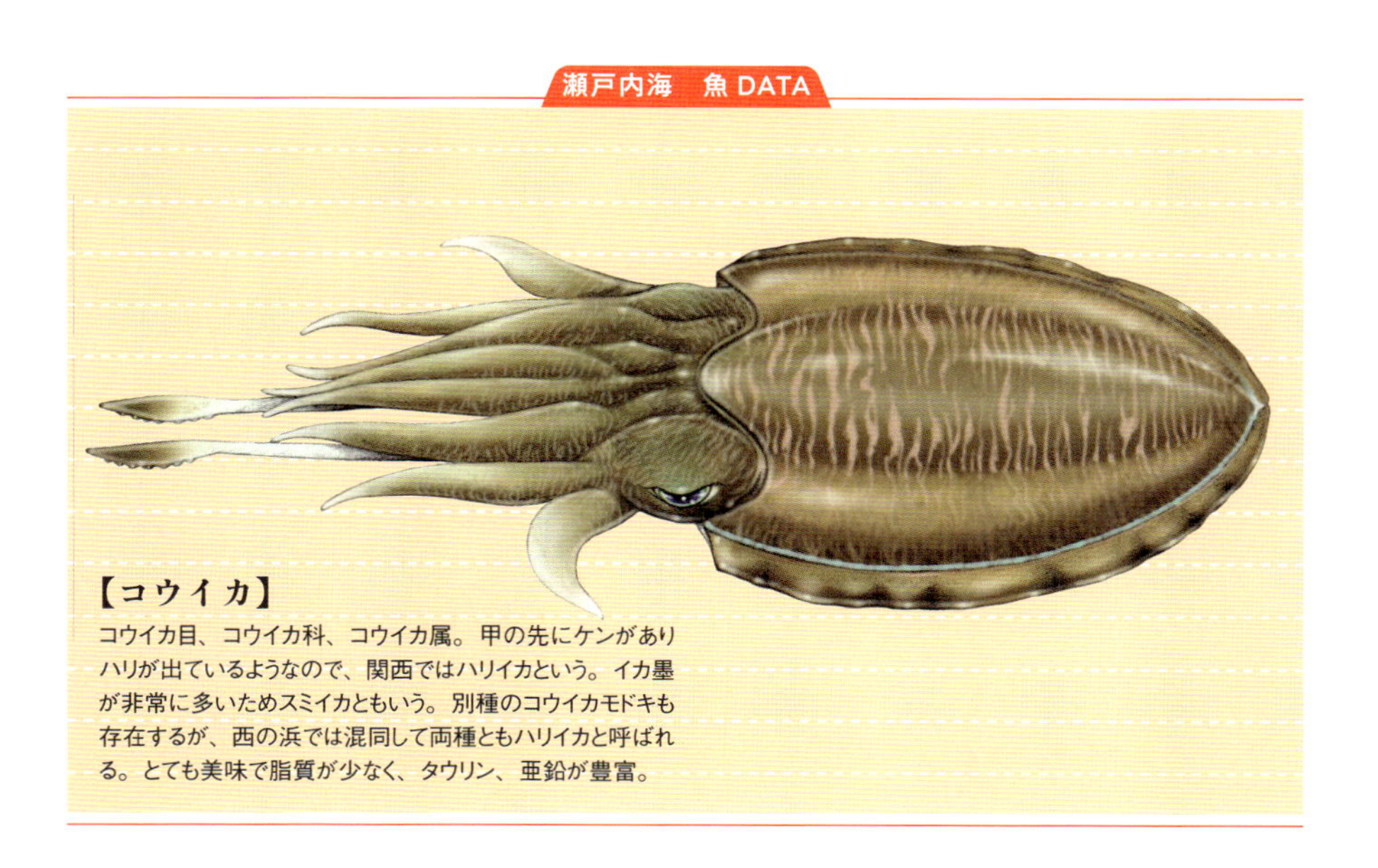

【コウイカ】

コウイカ目、コウイカ科、コウイカ属。甲の先にケンがありハリが出ているようなので、関西ではハリイカという。イカ墨が非常に多いためスミイカともいう。別種のコウイカモドキも存在するが、西の浜では混同して両種ともハリイカと呼ばれる。とても美味で脂質が少なく、タウリン、亜鉛が豊富。

瀬戸内海
兵庫県
淡路市

富島港（としまこう）

魚増鮮魚店（うおますせんぎょてん）

鮮魚店より旅情溢れる漁港食堂へ 幻の焼き穴子に舌鼓

日盛りの神戸淡路鳴門自動車道を巡航し、全長3・911メートルの明石海峡大橋を渡る。明石海峡を見下ろすその架け橋を行くと、海面上約97メートルという路面高と相まって、あたかも空を飛んでいるような眺望である。

かくの如き天空の道を走り、淡路島へと至る。我が国の島では11位の面積、シンガポール島やグアム島とほぼ同等の大きさとなるこの島は、明石、鳴門、紀伊水道に囲まれ、潮の流れが速く秀抜なる漁場を有する。マダイ、ハモ、パチエビ、サワラ、イカナゴ、太刀魚、ブリ、サヨリ、スズキ、そしてアナゴなどの漁獲が特に著名。まさしくおサカナの島といっても過言ではない。

かくの如きおサカナの島にて頂くのは、幻とうたわれる「魚増鮮魚店」の「焼き穴子」である。はてさて、何故幻なのか……。それはこの店のアナゴが、炭火で丁寧に手焼きされているからに他ならない。丁寧に折り目正しく下処理されたそれは、焼いてはタレを付け、そしていとまもなく返され続けるのである。

【富島港】神戸淡路鳴門自動車道淡路 IC から淡路 SA へ。県道157 号を進みさらに県道 31 号を経て富島港へ。
【魚増鮮魚店】兵庫県淡路市富島 1146
営業時間／ 9:00 ～ 18:30（売り切れ次第終了）
定休日／火曜（アナゴの仕入れによる）
TEL ／ 0799-82-0609
【やまちゃん】兵庫県淡路市富島 1146
営業時間／ 9:00 ～ 17:00　定休日／火曜

「魚増鮮魚店」に隣接。何処か懐かしい風情の「やまちゃん」の店内。壁に張り巡らされた品書きも楽しい。

幾度も返してタレを染みこませる、至高の「焼き穴子」。

炭火、手焼きの「焼き穴子」専門店「魚増鮮魚店」。

炭火で丁寧に仕立てられる希有なる焼き穴子

そうした手間が掛かる「魚増鮮魚店」の「焼き穴子」なので、一日の処理量は自ずと計られる。絶対に量産ができないので、常に売り切れ必至の〃幻〃なのである。従ってこちらの「焼き穴子」を購入するには、できるだけ早出で望みたいところである。「焼き穴子」の価格はサイズによって分けられており、一枚600~900円ほど。ボクは迷わず特大の900円クラスを選んだ。

ちなみにアナゴは生きていれば一匹、一尾、一本、と数えられ、加工されて串を打たれたものは一串。今回のように開いて焼かれたものは一枚と数えるのだ。

さて、そんな稀少な「魚増鮮魚店」の「焼き穴子」を購入させていただいた後にボクが向かったのは、隣接する食堂「やまちゃん」である。こちらは「魚増鮮魚店」の「焼き穴子」を食べたいと望むお客さんのために、持ち込みが可能で、嬉しいことにそれを「穴子丼」に仕立てて提供してくれるのだ。

「やまちゃん」の店内は昔懐かしきトラッドな様相で、うどんにたこ焼き、カレーに丼もの、から揚げ、おでんに各種甘味など、お値頃なメニューがいっぱいだ。さらにそれらメニューの張り出しが多々で、眺めていてもとても面白く、飽きることがない。地元の学生諸君にも大人気だということだが、それも頷ける。

かような「やまちゃん」にて待つこと少々。待望のそれが運ばれてきた。

全て丁寧に手作業で、焼いてはタレに漬けて、と繰り替えされる「魚増鮮魚店」の焼きアナゴ。

炭火で炙りタレを付け
また炙りまたタレを付ける
丁寧に丁寧に焼き上げられた
魚増鮮魚店の焼き穴子

「焼き穴子」はお見事な「穴子丼」に仕立てられ、漬物、味噌汁も付いて、手間賃極めてお値頃な400円。えんじ色の内塗りの黒い椀に盛られ、同じくえんじ色の縁取りの黒いお盆に味噌汁、漬け物とともに乗せられ、見栄え良く膳立てられている。我慢できず、早速頂くこととする。丁寧に炭火で焼かれ、何度も付けだれされて返されたアナゴは、皮目がぱりっとしているが、それでいて食感は極めてぶっくらで、噛む度にジュワッとタレがしみ出して、甘美でまろやか。実に明妙たる逸品である！

これは本当に中毒性に満ちており、いやはやくせになる！

実はボク、過去にもこちらにお邪魔しているリピーターなのだ。以前お邪魔した際には未だ山ちゃんとの連携がなく、店舗前にて「焼き穴子」を頬張り、あまりの旨さにガツガツと頭まで食べてしまい、オバチャンに「頭は硬いやねぇ……」と苦笑されてしまったのだが、その時の旨さは全く変わらず健在！　素晴らしいできあがりの炭火焼き「穴子丼」に、時を経てなおうっとりなのである……。

仕上げにこれまた妙味な味噌汁をズズズと啜り締めくくる！　と、いいたいところであるが、前記の壁の張り出しについついいざなわれて、おでんと今川焼きを頂き、これにて成就！

食後に「どっからきたんですか」と「やまちゃん」を切り盛りするご夫婦に尋ねられ、川崎ですと返すと「あらまぁ、遠くから」ということで、話に花が咲いた次第。

うんまいものでお腹満腹、そして旅情溢れる食堂での温かな会話にハートも満たされ、次なる約束の地へと向かった果報なボクであった……。

「やまちゃん」店内の自分でよそうおでん鍋（冬季限定）。他に今川焼きなどの甘味もあって実に楽しい。

「魚増鮮魚店」にて 1060 円。「やまちゃん」にて 400 円でセット丼にしてもらった、幻の「焼き穴子」。

瀬戸内海　魚 DATA

【マアナゴ】

ウナギ目、アナゴ科、アナゴ族。ハカリメ、ホシアナゴ、デンスケ、ビリなど、地方名と成長に応じた呼称が多い。産卵時期は６月から９月、沖ノ鳥島南方沖や、パラオ海嶺付近まで旅をして繁殖することが近年の調査で明らかとなった。

瀬戸内海
兵庫県
淡路市

大磯港（おおいそこう）

お食事処 渡舟（わたりぶね）

ショーケースから選べる珠玉の品々……前どれの地魚煮付け

「どんだけでも食べるでよ。徳島から淡路島は近いけん、気にせんでつかい」

淡路島に至った折り、食取材の応援に駆けつけてくれた編集Sさんと、その甥っ子のK君。なんとも頼もしい限りで、これなら数品のレポートもOKと、お二人に期待しつつ、花見月の国道28号をスローに流し、大磯港という小さな船着き場に至る。この波止が今回の目的地「お食事処 渡舟」の駐車場となっているのだ。

「漁港食堂」然とした滑り出しに旅情をそそられつつ、暖簾をくぐって中へ。お店の奥には大きなショーケースがあり、作り置きのお総菜がズラリと並ぶ。

「もうちょっとで煮魚ができあがるからね」と、知らせてくれたのは女将の小橋由子さん。後から伺ったのだが、こちらのお店は由子さんのお母さんの代からで、その歴史は半世紀以上。シラスをはじめとする淡路島の旬のおサカナに、並々ならぬ思いを抱き、こちらを切り盛りしてきたのだという。そんな由子さんが炊きあげた煮魚が厨房から運ばれてきた。甘い香りを漂わせボクを誘うのは「メバルの煮付け」だ。

【大磯港】神戸淡路鳴門自動車道淡路ICより国道28号を介し約7分。
【お食事処 渡舟】兵庫県淡路市楠本112
営業時間／10:30～14:00（L.O. 13:40）
定休日／月曜（不定休あり）
TEL／0799-74-3432

漁師のご主人が、前どれの水揚げをさばいてくれた。

ショーケースにズラリと並べられた煮魚や総菜。

「お食事処 渡舟」の店内。左側カウンター奥は４人掛けのテーブルが数卓あり、さらに奥に前記の総菜コーナーがある。

今が旬でさらに地魚かつ前どれという喜悦！

ちなみに「メバルの煮付け」をはじめ、単品の煮魚には「地魚煮付け￥750」という見出しが付けられており、総菜コーナーで選べる。ボクはさらに「淡路玉ネギステーキ」と「南蛮漬け」「生しゃけあら汁」とご飯を付けて、選りすぐった定食とした。Sさんは「日替り丼　炙り太刀魚とカンパチ丼」、K君は「刺身定食」をそれぞれ注文。皆でシェアして楽しもうという作戦である。

さっそく熱々のうちにと、メバルを箸でほぐして頂く。これがもうジューシーでコクがあり、上品な甘味でほどよく塩身があるタレと絡んで格別！　嗚呼、箸が止まらない！　春告げ魚と呼ばれるメバルは今が旬で、珠玉の贅沢である……。

「うちの人が漁師だからね。メバルは目の前の海で捕れたものなんよ」

なんと、旬魚のうえに、さらに前どれ！　これ以上の喜悦があろうか！

加えて炙り太刀魚とカンパチ、「刺身定食」のタチウオの細切りと分厚いマダイ、サーモンも格別！　ボクらはあっという間に全てペロリと完食！

お茶をすすり、食後の悦楽に浸っていると、そこへ漁師のご主人が水揚げを携えて帰って来られた。魚を見せて下さるというので、お言葉に甘えて食いついて撮影。

メバルやサバ、チダイにウマヅラハギなどを丁寧にさばくご主人の背中を眺めつつ、一期一会のこよなきエニシを、しかと憶えたボクらであった……。

タチウオ、マダイ、サーモンに、小鉢と味噌汁が付いた「刺身定食」（冬季限定）1500円。

「日替り丼　炙り太刀魚とカンパチ丼」1600円。

「地魚煮付け」750円（大きさにより変動）に総菜を組み合わせてみた。

瀬戸内海　魚 DATA

【メバル】

カサゴ目、メバル科、メバル属。北海道〜九州の浅場に生息。食材としての入荷量は少なく高値。目が大きく視力がよい。このため目張、目丸といわれたのがメバルの語源。クロメバル・シロメバル・アカメバルなどに分類されるが、浜（市場）では総じてメバルと呼ばれる。美味で癖がなく、調理方法も多い。

瀬戸内海
兵庫県
洲本市

都志漁港（つしぎょこう）

炙りと山芋の絶品コラボ　島めしと称えられる　眉目よきサワラ丼！

お食事処　お多福（たふく）

五色町都志万歳の狭い路地を介して訪れた都志魚港の眺望は、それは見事なもので、訪れた日の好天もあって、波止（はと）から連なる瀬戸内の海はエメラルドグリーンに輝き、周囲の家屋も古きよき板張りで、とても絵になる。

ボクら三人衆はしばしこの眺めに見とれ、悦に浸っていた次第。しかしながら腹時計がグゥ！　とアラームを奏でたので、気早に目的地へ。

木目が美しい「お食事処 お多福」の張り出しは何処か控えめで、とても洒落ていた。風にはためく暖簾（のれん）は山吹色に染められており、ざっくりと編まれた生地が鯔背（いなせ）だ。ちょこんと立てられた幟は対照的にピンクの可愛い配色で〝島めし　淡路生サワラ丼〟と書かれていた。勿論、そのサワラ丼が狙いである。

早速「サワラあぶり山かけ丼」をチョイスし、さらに大海老、地ダコ、サワラ入り「海鮮天丼」と、時価と書かれた「お造り定食」をオーダーする。運ばれてきた「サワラあぶり山かけ丼」は、御膳上等な見かけで、深い藍色の艶美なる椀に盛られていた。

【都志魚港】神戸淡路鳴門自動車道北淡 IC より県道 31 号へ。五色町都志万歳の市街地を経て都志魚港へ。
【お食事処 お多福】兵庫県洲本市五色町都志174−1
営業時間／ 11:00 〜 21:00
定休日／不定休
TEL ／ 0799-33-0341

レトロで何処か懐かしい「お食事処 お多福」の店内。

「海鮮天丼」大海老、地ダコ、サワラ入り
1300円。

「お造り定食」時価。この日は地物のカレイのお造りで、サワラ切り身とタコ、小鉢と味噌汁付き。

炙ることによってさらに増すサワラの旨み

こんがりと炙られた皮に、白から淡紅へと彩られる身が美しい。その上にどかっと盛られた山芋には胡麻に刻んだ大葉、そして干しエビが散らされて刻み海苔を乗せられ、名山の霊峰のようである。その明媚なる霊峰に出し汁を注ぎ、箸を入れて口へ。

絶品！　サワラは生でも大変美味だが、あぶりはその比ではない。皮目をあぶると甘味とコクがより奥深く変貌し、全くといっていい別次元へと昇華する。さらにそれに山芋と薬味、特製のタレが加わり、よりふくよかな味わいへとトランスフォームするのだが、とどめは米。炙りサワラ、山芋と薬味、特製タレの組み合わせはご飯との相性が抜群で、咀嚼するほどに美味しさが溢れ出す。完璧！

「うちの腕とちゃうんです。ええものを使うから旨なるんですよ」大将の橋詰さんは、そういって謙遜するが、いやはやどうして！　おまかせの「お造り定食」は嬉しいことに地物のカレイだったのだが、その切り口はさながら名刀で切られたように見事なもので、あっさりとした上品な味わいの中にギュッと詰まった旨みが見え隠れして、実に妙妙たるものだ。姿作りのカレイは、完食後まで口をぱくぱくとさせていた。

さらに「海鮮天丼」でもサワラを堪能。天ぷらのサワラはさらに芳醇な味わいで、これまた箸が止まらない！　ボクらは我を忘れてガツガツと夢中で喰らった次第。

サワラとヒラメの慶福なる組み合わせに、頬が揺るんで仕方なかった……。

洒落た張り出しと山吹色の暖簾が粋。「お食事処 お多福」の門口と淡黄の堂舎。

至極！「サワラあぶり山かけ丼」（写真）1600円。

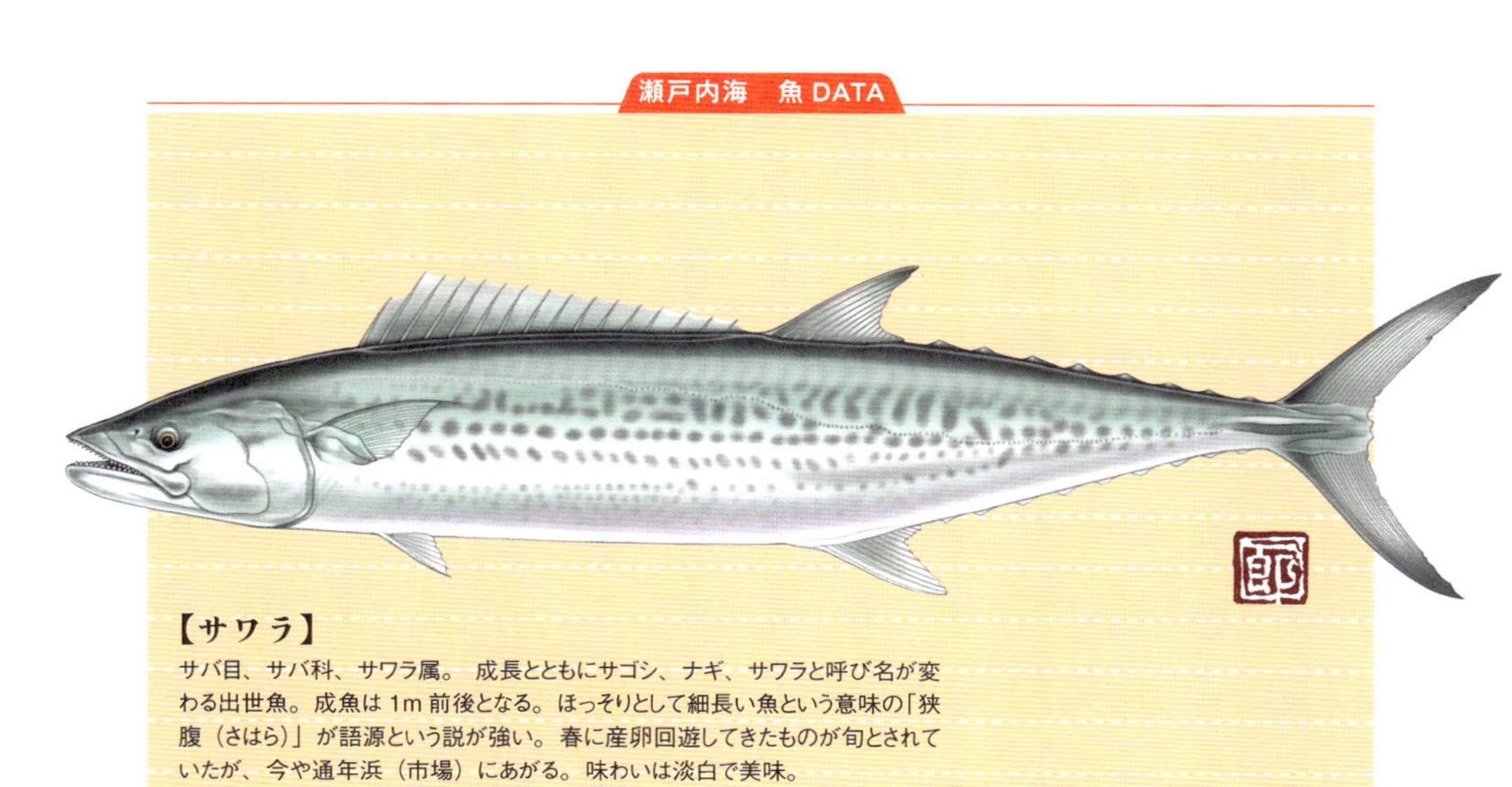

瀬戸内海　魚DATA

【サワラ】

サバ目、サバ科、サワラ属。 成長とともにサゴシ、ナギ、サワラと呼び名が変わる出世魚。成魚は1m前後となる。ほっそりとして細長い魚という意味の「狭腹（さはら）」が語源という説が強い。 春に産卵回遊してきたものが旬とされていたが、今や通年浜（市場）にあがる。味わいは淡白で美味。

瀬戸内海
兵庫県
相生市

相生漁港（あいおいぎょこう）

魚稚（うおわか）

海鮮市場の旬魚を堪能
日替わり贅沢
百花繚乱のにぎり寿司ランチ

とにかく人気なのである……。あいにくの雨となってしまったその日、風も強く、荒天だから空いてて楽勝だろうと、高を括っていたボク。海沿いの国道を行く愛車は、スローに走っていても、ビュウビュウと風鳴りし、グラグラと揺さぶられるような状態だったが、なんとか「相生とれとれ市場」に到着。〝焼あなご　相生かき〟と書かれたシンボリックな店頭幕の横をワクワクとした気持ちで小走りに市場へ。すると、なんということか……。

このような至極難儀な天候にも関わらず、人、人、人……。播磨国の方々は、どんだけ魚が好きなのやろか？　市場併設されている今回お目当ての「魚稚（うおわか）」の席は昼前だというのに既にほぼ満席で、とりわけまいったのは、券売機の名物アナゴ丼やハモ天丼には、早々と売り切れのバツ印が！　じっと券売機を見つめるボク。直ぐに初老の御仁も隣に並び、互いに会釈して苦笑である。そして見つけてしまったのだ。平日限定！「とれとれランチ」と書かれてた幸せの券売ボタンを。

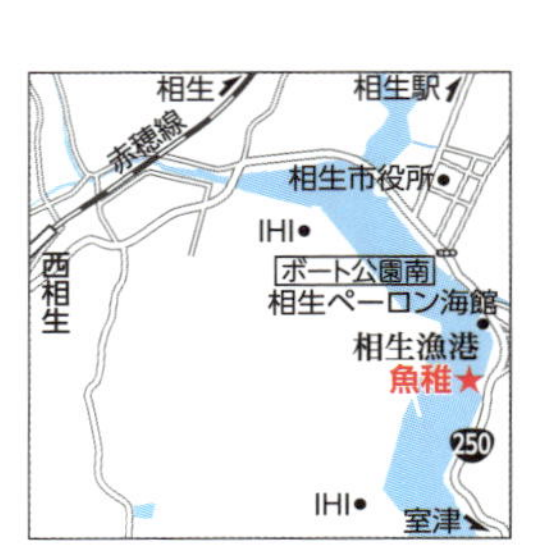

【相生魚港】山陽本線相生駅より2.7㎞。山陽自動車道龍野西IC出口より県道121号、国道２号、再び県道121号、県道64号と介して国道250号で相生漁港へ。
【相生とれとれ市場　魚稚】兵庫県相生市相生６丁目
営業時間／ 9:00 ～ 16:00
定休日／水曜
TEL ／ 0791-23-1501

「魚稚」が入る「相生とれとれ市場」。左は浜焼き場。

すらりと旬の鮮魚が並んだ「相生とれとれ市場」。

「魚稚」の店内。 兎に角大人気なので、 早起きして臨みたい。 名物アナゴ丼やハモ天丼　釜揚げしらす丼も要チェックだ！

ヒラメを凌駕する美味なるマコガレイ

迷わずそれをポチして、待つこと少し「とれとれランチ」に預かる。

握り八貫に小鉢、味噌汁、茶碗蒸しまで付いてお値頃！　魚市場直営でネタにも期待大である！　寿司げたの上に並んだ握りはどれもでかい！　マグロにブリ、サワラやイカと、妙々たる定番の播磨灘の海の幸が鎮座するが、中でも一段と淡麗でしっとりとした艶やかなそれを見つけ、醤油をさっと付けて頬張る。

適度な食感がありつつ、舌の上でバラリと解放される柔らかな身は、甘味がとても豊かで特筆。嬉しいことにネタの上に更にエンガワが乗せられていた。この部位は誰がなんといってもお宝だ。板さんの良心を感じざるを得ない。本当にアリガトウ！

ボクが涙して噛みしめたものはカレイの握りである。兵庫の水揚げには、カレイの中で一、二位を争う、美味なる「マコガレイ」が多く、口にしてハッキリと解った次第。その身は勿論、至玉のエンガワはヒラメの比ではない。ふくよかで甘くとろけるそれは、神がかり的で桁違いの旨さなのである……。

「とれとれランチは日によって魚が変わるんです。ここは市場ですからね。ほんまに新鮮なんよ」

御指南して下さったのは店長の八木さん。鮮魚コーナーには播磨灘の新鮮な魚介類が所狭しと並び、それを眺めているだけで、こよなき幸せに包まれるボクであった。

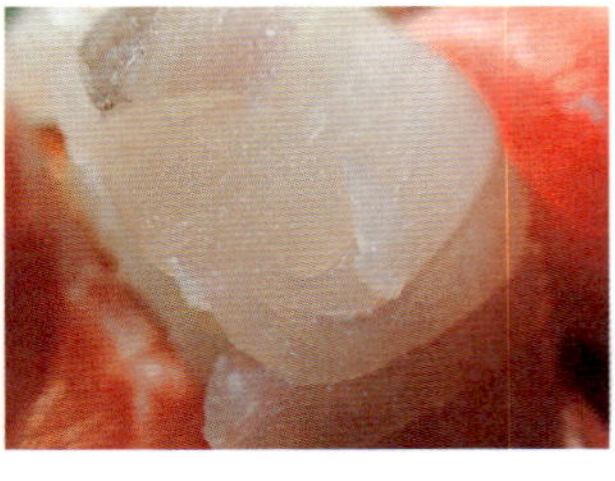

タイやハマチもいいが「マコガレイ」のその味は絶品。
是非是非ご賞味あれ……。

平日限定日替わりネタの「とれとれランチ」1200円。

瀬戸内海　魚DATA

【マコガレイ】

カレイ目、カレイ科、マガレイ属。マガレイ同様、カレイ類では最も馴染み深い種。口が非常に小さく、眼は右にあり両眼の間に鱗がある。内湾性で浅場の砂泥地などに棲息。ヒラメとよく比較されるほど美味で食感もよい。地方名が多く、近畿地方ではアマテ、アマガレ、アブラガレイなどの呼称がある。

瀬戸内海
岡山県
備前市

日生港（ひなせこう）

ブランド牡蠣の生国にて濃厚なる逸品を堪能 摩天楼のかき丼

御食事処 はましん

岡山県備前市日生町は、牡蠣の産地としてつとに有名である……。

日生の海は島々に囲まれ波穏やか。そのためカキを養殖する筏（いかだ）での作業は安定し、台風の被害も少ないという。さらに島や山からの養分の流出も豊富で〝肥えた海〟としてカキ養殖には最良の条件を持っている。かような精良なる海で育まれるのが、ブランド牡蠣である「日生かき」なのだ。

「日生かきのおかげで持ってるようなものです。春に種付けして育てるんじゃやけど、毎年10月20日頃が収穫スタートで、2月から3月いっぱいが美味しい時期なんですよ。お客さん、ええときに来ましたね」。

「日生かき」には並々ならぬ拘（こだわ）りを持つと評判のお店、「はましん」の大将、浜野慎吾さんが、至極温かな語り口で「日生かき」の四方山話を指南してくださった。

「日生かきを美味しく揚げるポイントは、たっぷりの油と衣の量！　それと大事なのが火力なんです」大将のこだわりの逸品「カキ丼」が運ばれてきた……。

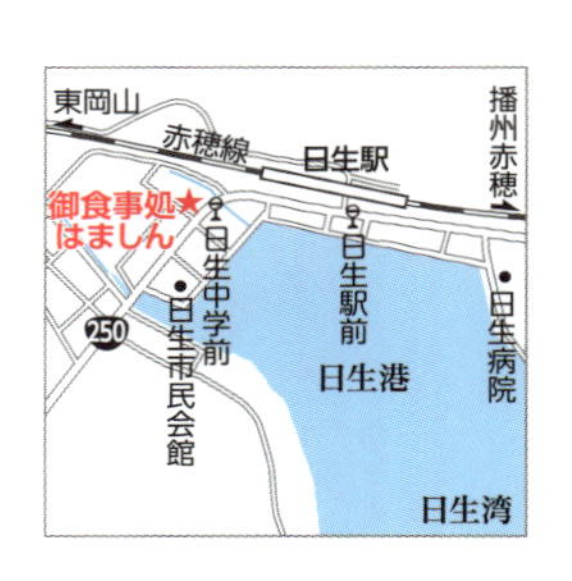

【日生港】JR日生駅から徒歩3分。山陽自動車道吹田山口線赤穂ICより国道250号を介し日生港へ。
【御食事所はましん】岡山県備前市日生町日生241-30
営業時間／［月～金］昼11:00～14:00　夜17:00～20:30　［日、祝］昼11:00～14:00　夜17:00～19:30
定休日／水曜、毎月末の火曜
TEL ／ 0869-72-3145

この日はマアジ「お造り盛合せ」2000 円～（時価）。

食べ比べてと、大将が握ってくれたサワラの炙りと生。

カウンターとテーブルが設けられ、広々として明るい「はましん」の店内。先代のお父さんの代から魚一直線の老舗だ。

濃縮された旨みと甘味
深く烈しくジューシー

「はましん」のカキメニューは、焼きガキにフライに天ぷら、竜田揚げに土手鍋、各種定食と実に百花繚乱なのだが、ボクがこちらの暖簾を潜り、迷わずお願いしたのが「カキ丼」だった。丼という響きが如何にも「漁港食堂」的であること、そしてその見栄えに、一目でいざなわれてしまったのだ。

果たしてかような「カキ丼」には、カキの天ぷらがこれでもかと詰められて林立していた。いやはやこれは、正しくカキの摩天楼である！　間髪を入れず、その熱々の摩天楼に箸を入れて口へ運ぶ。サクッ！　と軽快な歯ごたえの後にジュッ！　と広がる濃縮された旨みと甘味は烈しくリッチでジューシー！　これぞ牡蠣の醍醐味だ！

ちなみにボクは生牡蠣も最高に好物なのだが、旨さの比較でいうなら熱したものが断然旨い！　ましてやこちらの天ぷらときた日には、これはもう暴虐的な旨さで、甘タレとの相性も抜群。なにしろ狂おしいほど飯に合う！　ガツガツもしゃもしゃとやって、あっという間に完食を決める……。

さらにマアジの「お造り盛合せ」も追加で注文。こちらも「日生かき」に負けず劣らずの甘美なる味わいで、なんと食後にそれを揚げて骨煎餅に仕立てて下さり、幸せの第二章をポリポリと堪能！　なんとも熱燗が欲しくなるがクルマなので我慢の子。

ドップリと悦に浸った至福なる日生の小夜に、ゆっくりとお茶をすするボクだった。

大将、浜野さんが、稀少なかつての品書きを見せて下さった。しかし、達筆である。

ブランド牡蠣である「日生かき」がギッシリと詰め込まれた重厚なる「カキ丼」1860 円（冬季限定）は超お値頃だ。

瀬戸内海　魚 DATA

【マガキ】

イタボガキ科、マガキ亜科、マガキ属。岩や杭などの固いものに固着生活する二枚貝で、内湾から河口域に生息。大変美味で日本各地の他、フランスやオーストラリアでも養殖されている。エサはプランクトンで、海水ごと吸い込み濾しとっている。その量は 1 時間で 10 ℓにも達し、海水浄化にも貢献。

瀬戸内海
岡山県
岡山市

食堂備前

甘くねっとりとしてジュワッとしみ出る脂超絶丼に昂ぶる！

山陽自動車道を和気ＩＣ出口にて下車。国道３７４号を介し、国道２号をゆるゆると流して「岡山市中央卸売市場」へ。

「岡山市中央卸売市場」は青果部、水産物部、花き部が敷地面積１９３８５４㎡という、とてつもない規模で展開され、岡山県民の台所を支える中核的拠点市場となっている。ボクはその広さゆえに困惑したが、受付の守衛さんが親切に「食堂街はあっちですよ」と、一般駐車場を案内して下さったので、愛車Ｔ４ウェスティを滑り込ませる。

こちらの一般駐車場の直ぐ横に建つ細長いアーケードが「関連商品売場棟」で、この中に「市場ふくふく通り」という商店街が併設されている。

「市場ふくふく通り」は、昭和の香り漂う古きよき情景で、青果店、乾物、菓子問屋などがズラリと軒を並べ、東西約２５０ｍの通りを中心に、63店舗（取材時）の小売店が店を開いている。

ボクは子供の頃に帰ったような想いで心ときめかせ、各店舗を見て回った。

【岡山港】山陽自動車道、岡山ブルーラインなどの各高速路線より、国道２号を介して岡山港へ。
【食堂備前】岡山県岡山市南区市場1丁目1
営業時間／10:00～14:00
定休日／水曜、日曜、祝日
TEL／086-265-8157

昭和の香り漂う、趣在る景観の「市場ふくふく通り」。

多数の張り出しと年季の暖簾の「食堂備前」入り口。

「食堂備前」のレトロなダイニング。メニューは入り口の張り出しとなるので、着座の前によくよくチョイスしよう。

心胆がブルブルと震える
桁違いの凄盛り丼

飲食店も沢山あり、食堂に純喫茶、甘味処と多種多様で実に楽しい。

かようなリアル・ワンダーランドのなかでも、ズラリとあまたの張り出しがあり、「店内にメニューはありません。外のカンバンがメニュー表です」と書かれたボードが掲げられて、ひときわ異彩を放っていたのが「食堂備前」だった。

その張り出しに「名物備前ふくふく丼」と書かれたものすごい丼の写真を発見！　ボクのワクワクは頂点へと至り、食堂備前と書かれた暖簾（のれん）を潜る。暖簾は、日々使い込まれている様相で角が解れているが、そのディテールがまた更なるワクワクを誘発し、なお一層の昂ぶりとなるのだ。

テーブル席と小上がりのある食堂の店内は、大時代的な如何にもといった構えのもので、これぞ市場食堂！　実に心地よい。少し待っていると「ふくふく丼」が運ばれて来たのだが、これが桁違いの凄盛りであった……。

「サワラにマグロ、エビとブリ、タコにシラスにカキにイクラ、それと煮穴子ね」丼のネタを訪ねると、こちらを切り盛りしている浜田さんがご親切に教えてくれた。

しかし、どれも物凄い大きさと厚みのネタである。それらを見ているだけで心胆がバクバクと脈打つのだった……。

おっしゃ！　と戦闘モードで、先ずは極厚のブリの切り身に箸をのばす。

数多の食材が揃う「関連商品売場棟」。どれもがお値頃で、あちこち回るのが実に楽しい。

カンカン!
鐘の音とともにスタート!
岡山中央市場 水産物部のセリ
売買参加章
はい!
なんぼ!
ええブリよ!
仲買基本装備一覧!!
魚鈎は、
ゴム長靴の中へ
入れるのが鯔背
魚やカゴを
引っ掛ける
魚鈎
耐油ソールの
ゴム長靴

小皿のわさび醤油にブリの切り身を付けると、花火が上がったようにパッと油膜の花が咲く！　ジュワッとしみ出る脂はブリの真骨頂、旨みの元である。

銘木一枚板のような旨みの塊を頬張る。肉厚だからこその歯応えのよさを感じつつ、その刹那、甘くねっとりとした脂が口中に広がる。この圧倒的な存在感ある旨みの塊は、お魚のステーキといった感で、思わず頬が緩む。ちなみにこちらのブリの切り身はとても丁寧に皮が引かれており、至極食べやすい。

噛む程に、また噛む程に広がる甘深き艶やかなるお魚ステーキの世界！　嗚呼なんという幸せ！　蛇足だが、このブリの魚ステーキにはＤＨＡやＥＰＡが豊富に含まれているので極めて健康的。血圧やコレステロール値を下げ脳を活性化させる。動脈硬化を予防し、かつオリコウサンになってしまうという、スーパーフードなのである！

さて、かくの如きブリに続き、旬のサワラにマグロ、エビ、タコにシラスにカキにイクラ、ラストに濃厚なる煮穴子をいただいて完食！　そのどれもが舌がとろける極上の味わいで、ご飯に最高にマッチする。

お茶をすすりつつ、その御膳上等なる調和のメカニズムを考察し、はたと気付いたボク。いやはや「ふくふく丼」は驚きの配列で構成されていたのだ！

一般的な丼は、ご飯のオカズがネタなのだが、こちらの「ふくふく丼」たるや、ネタのオカズがご飯！　という圧巻の量とバランスなのである。ご飯でオカズを食すのではなく、オカズでご飯を食するのである……。

果たしてその旨さに後日、「ふくふく丼」を再度食する夢を見たボクだった……。

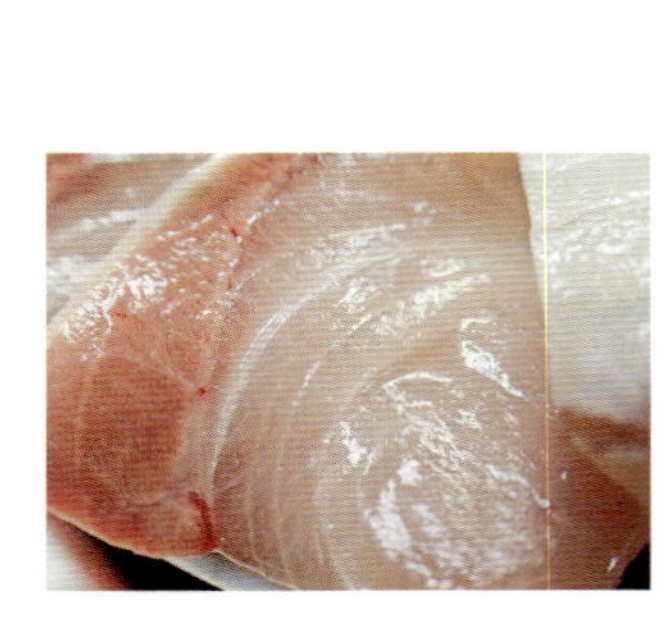
「ふくふく丼」のブリの切り身。
ジュワッとしみ出る脂が圧巻。
皮が引いてあり食べやすい。

大きく厚切の旬の鮮魚ネタを、これでもかとふんだんに詰め込んだ、凄盛りの「ふくふく丼」2400円。

瀬戸内海　魚DATA

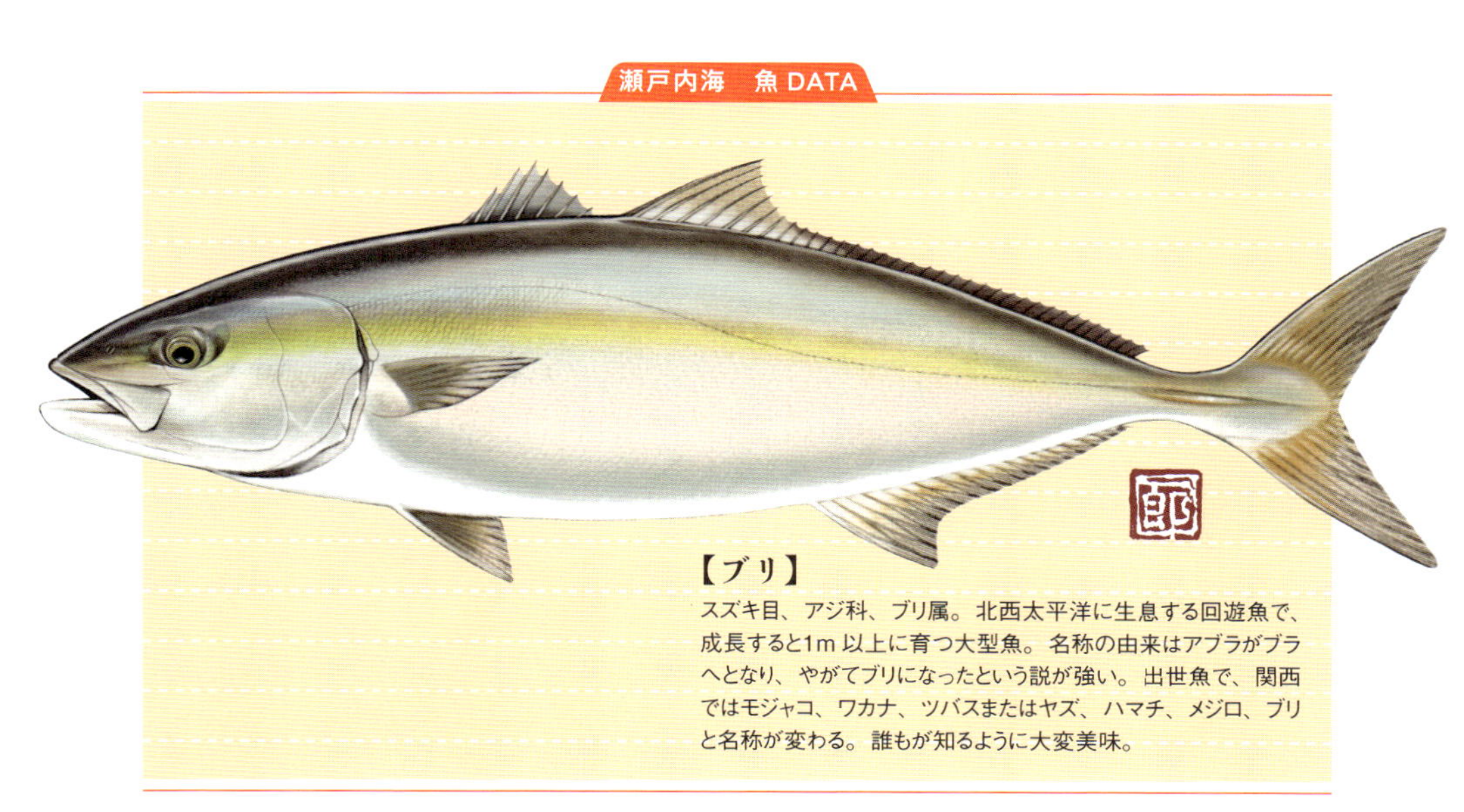

【ブリ】

スズキ目、アジ科、ブリ属。北西太平洋に生息する回遊魚で、成長すると1m以上に育つ大型魚。名称の由来はアブラがブラへとなり、やがてブリになったという説が強い。出世魚で、関西ではモジャコ、ワカナ、ツバスまたはヤズ、ハマチ、メジロ、ブリと名称が変わる。誰もが知るように大変美味。

瀬戸内海
徳島県
鳴門市

黒崎（くろさき）（無料渡船）

うずしお食堂

職人を通り越したおサカナ博士が膳立する極まりのタイづくし

徳島県鳴門市には今も市民の生活の足として、古きよき渡船が運航されている。小鳴門海峡を挟んで大毛島、高島、島田島らをそれぞれの行路が結んでいるのだが、通学の学生や島民にとって、迂回して橋を行くよりもなにかと便利で、昔から生活に馴染んだ渡船の利用が多いという。

このなんとも旅情溢れる渡船が、今回の目的地より近い！　ということで、ボクらは「漁港食堂」へお邪魔する前の序章として、急ぎ黒崎という発着所に向かった。「乗るんかぁ～？」黒崎に着いたその刹那、いままさに出船しようとする渡船が、小走りのボクらを見つけて、なんと待っていて下さった次第。「あ、すんません！　写真撮りたいだけなんでぇ……」と、なんともお恥ずかしい限りの展開となってしまったが、船頭さんの優しい心遣いにホッコリとした夕間暮れであった。

ちなみに黒崎と高島を結ぶ黒崎渡船はなんと無料である。今度はゆっくり訪れて、離島をゆるゆると訪ねてみたい……。

【黒崎（無料渡船）】神戸淡路鳴門自動車道鳴門北 IC 下車、県道 11 号から県道 42 号を介して黒崎へ。（＊食堂前が鳴門ボートレース場で立ち入れないため、この章は黒崎をランドマークとした）
【うずしお食堂】徳島県鳴門市撫養町大桑島濘岩浜48- 34
営業時間／ 6:00 ～ 19:00
定休日／不定休
TEL ／非公開

干してから焼く、タイカマの「焼魚定食」1540円（価格変動あり）。

黒崎と高島を結ぶ黒崎渡船。なんと無料である。

「うずしお食堂」の店内。右奥がオカズのショーケース。正面にはあまたのメニューの張り出しがあり、選ぶのも楽しい。

切り身、炙り、漬け、湯引きの皮、そしてなんとキモまでも……

さて、黒崎より向かったのは、小鳴門橋近くにして、お店の真ん前が鳴門ボートレース場という「うずしお食堂」である。オレンジの外壁に黄色い看板は、誰の目にも解りやすい。店内入り口には、オカズの入ったショーケースと各メニューの張り出しがあり、ボクらはそのお品書きをじっと見つめる。「刺身定食」、「焼魚定食」、「天プラ定食」がそれぞれあったので、三種を注文してシェアして食べ比べと相成った。

それぞれの定食は、ボードに書き出されたなんともお魚好きを唸らせるラインナップの旬魚を選べる。「刺身定食」は鯛、「焼魚定食」はタイカマ、「天プラ定食」にはハモ天をチョイスして、待つこと少し……。

運ばれてきた定食はどれも美々しき見栄えであったが、なかでも「刺身定食」の並びはかなりマニアックなものだった！　いわゆる刺身である切り身にはじまり、炙り、漬け、湯引きの皮、そしてなんとキモまでも……。編集Sさん、K君、ボクの、刹那のにらみ合いの後、間髪を入れずに頂きます！　とひとこと。その須臾(しゅゆ)飛び交う箸！

まるでお箸のチャンバラである！

先ずは「刺身定食」のおいしいところを確保せねば！　と、切り身をパクリ！　歯ごたえを感じたその瞬刻、ほどよくも奥深い甘味が口いっぱいに広がる。

異色の経歴を持つ「うずしお食堂」の店主、後藤文彦さん。その研究熱心さは、正にお魚博士。

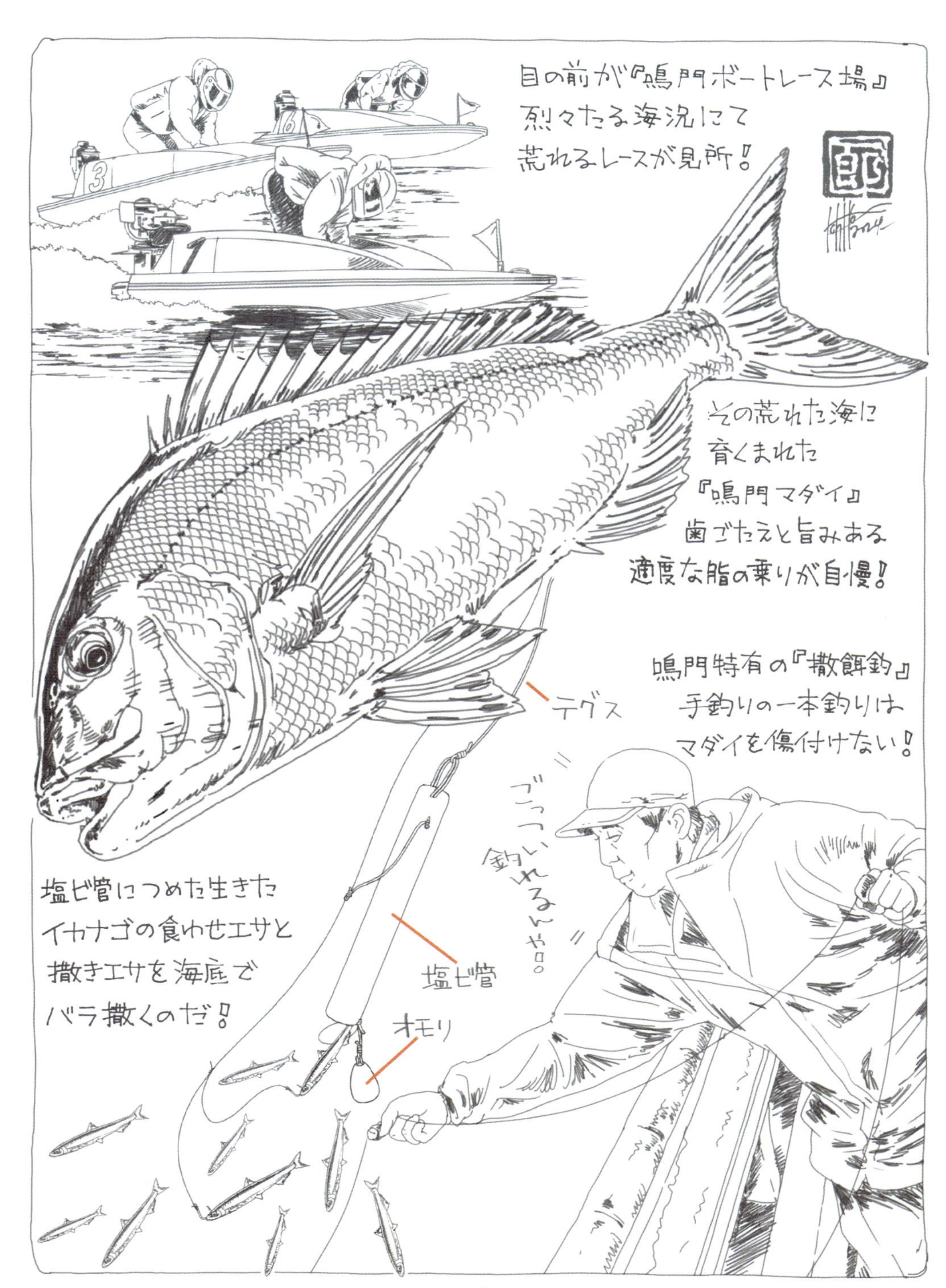
目の前が『鳴門ボートレース場』
烈々たる海流にて
荒れるレースが見所！
その荒れた海に
育くまれた
『鳴門マダイ』
歯ごたえと旨みある
適度な脂の乗りが自慢！
鳴門特有の『撒餌釣』
手釣りの一本釣りは
マダイを傷付けない！
テグス
ごっついれるんや。
釣
塩ビ管につめた生きた
イカナゴの食わせエサと
撒きエサを海底で
バラ撒くのだ！
塩ビ管
オモリ

鯛はやはり旨い！　しかも烈（はげ）しい潮流にもまれて育った鳴門のそれは尚更だ。

さらに箸を延ばして炙りをいただく。爆発炸裂！　脈打つ血管！　旨い！　旨すぎる！　切り身も相当いけるが、切り身の甘味を10としたらこちらは１００である。したたる皮と身の間の脂がなお一層、この甘味を艶やかに演出し引き立てるのだ……。

そして待望のキモは完璧！　カワハギのそれは食べ付けているが、鯛のこれはさらに旨みを凝縮した、コクと味わいの爆弾である！

「刺身定食」に狂喜しつつ、「焼魚定食」のタイカマにも手を出すと、でで、なんじゃこれは！　嗚呼、これもなんという旨みの超絶高圧凝縮の炸裂！

「鯛も他の魚も、どれだけ寝かせたら旨いかっていう研究をして、それに拘（こだわ）って刺身も焼きも、一番ええ時期に提供しとります。タイカマは干してから焼いてとるんで、ごっつい旨いでしょ」

鳴門の鯛と魚の話を聞かせてくれたのは「うずしお食堂」のご主人、後藤文彦さんである。今年で54年目というこのお店の三代目で、大学から社会人に至り会社を転々とし、ドイツの企業にも勤めたという異色の経歴の持ち主である。

「鯛でだいたい3、4日。ハマチは最長で12日間寝かせたことがあります」

いろんなところで、いろんな魚を食べ、日々自分の知識を増やしているという後藤さん。特に寝かせの極意には熟達しており、その愛と情熱は止まる所を知らず、まるで研究者や博士の域。本当にお魚沼にドップリなのである。

かくして熱きお魚談義は止むことを知らず、鳴門の夜は更け行くのであった。

ハモ天をチョイスした「天プラ定食」1870円（価格変動あり）。香ばしく、さくさくジューシーで最高！

鯛の「刺身定食」1760 円（価格変動あり）。切り身二種、炙り、漬け、湯引きの皮、そして濃厚なキモが楽しめるのだ。

瀬戸内海　魚 DATA

【マダイ】

スズキ目、タイ科、マダイ属。老成魚は 1m 以上に育つ。タイの語源は平たいから。旬は秋から初夏となるが、いちばん味がいいのは 10 月頃から冬にかけて。しかしながら養殖技術と餌の発達で、養殖マダイはほぼ通年美味しく頂けるようになった。魚の王様とうたわれ、様々な祝い事、催事に用いられる。

瀬戸内海
徳島県
鳴門市

瀬戸内海播磨灘（せとないかいはりまなだ）

いざ鳴門の名店へ美味にして巨大なタイカマ、カブト、お造りに酔いしれる

活魚料理 びんび家（や）

「とにかくこの辺じゃ一番有名なお店です。こんまい頃から家族や親戚と、なにかあるごとに行ってました。ボクはここの魚に育てられたようなもんやな」

淡路島、そして徳島の取材を共にしてくれているK君が、鼻息荒く昂ぶっていた。なんでも、鳴門に来たならば、絶対に避けて通れないお店があるというのだ。しかもK君は幼い頃よりの通いだという。

「メチャクチャ人気なんで、土日は行かん方がええかも知れん。早う行かな駐車場に車が止められんようなるでよ」え？ 今日は日曜日やん。それ、早く言ってよ～と心胆にてしみじみと思いつつ、K君と編集のSさん同乗の愛車、T4ウェスティは国道11号を快走する。窓の外には瀬戸内海播磨灘の絶佳なる眺望が広がり、ハートの熱価はグングン上がっていくのだった。

青地に黄色い文字で「活魚料理　びんび家」と書かれた看板は、見通しの利く直線の国道沿いということもあって、直ぐに目視できた……。

【瀬戸内海播磨灘】高松自動車道鳴門 IC より国道 11 号を介して15 分。
（隣接漁港が遠いため、眼前の瀬戸内海播磨灘をランドマークとした）
【活魚料理 びんび家】徳島県鳴門市北灘町粟田ハシカ谷20- 2
営業時間／［平日］9:00 ～ 16:00（L.O. 15:30）［土日祝］9:00 ～ 21:00（L.O. 20:30）
定休日／無休
TEL ／ 088-682-0023

「びんび家」の正面。入り口の軒先にはお土産が並ぶ。

国道 11 号沿いの「びんび家」。駐車場は広い。

威勢のいい店員さんの鯔背(いなせ)な声が響く「びんび家」の店内。張り出しのメニューも豊富で、眺めていて楽しい。

それぞれの定食に鳴門の鯛をチョイス……

しかしながら同時に、朝一番で駆けつけたにも関わらず、既にクルマで混雑する駐車場の状況も目に飛び込んできた。数台しか空きがなく間一髪でなんとか滑り込む。

「びんび家」の入り口は、軒下がちょっとしたマーケットのようになっており、鳴門ワカメに干しエビ、タコ煎餅、などが並んでその様相は実に楽しい。石とタイルで造形され、エアレーションの飛沫が上がるイケスを横目に店内へ。房内は既に沢山のお客で賑わっており、ガヤガヤと楽しそうな会話が響いていた。

「鯛の焼き魚定食と煮魚定食は、絶対や……。刺盛定食も欠かせません」K君はそう言うと、メモにさらさらとメニューをかき込んで、忙しそうに駆け回っているお姉さんにそれを渡した。流石、勝手が分かっている、と感心しつつ、メニュー選べんの？と、ちょい気色ばむボクだったが、運ばれてきたそれを見て、いやはや大いに納得！

鯛の「焼魚定食」は見事なタイカマがついて、にしき絵の波の様な模様が見事な大きな皿に盛られ、とても見栄えがよい……。

鯛の「煮魚定食」は、大鯛のカブト煮の下に、さらにカマが押し込まれており、その大きさに目を見張ってしまう。「刺盛定食」はサワラにタコ、カツオにブリ、イカにサーモン、そして鳴門鯛の切り身などの数多のお魚が盛られ、百花繚乱の様相。

入り口の横にはイケスが陣取る。こちらより旬魚をタモですくい、手際よくさばいて仕立てるのだ。

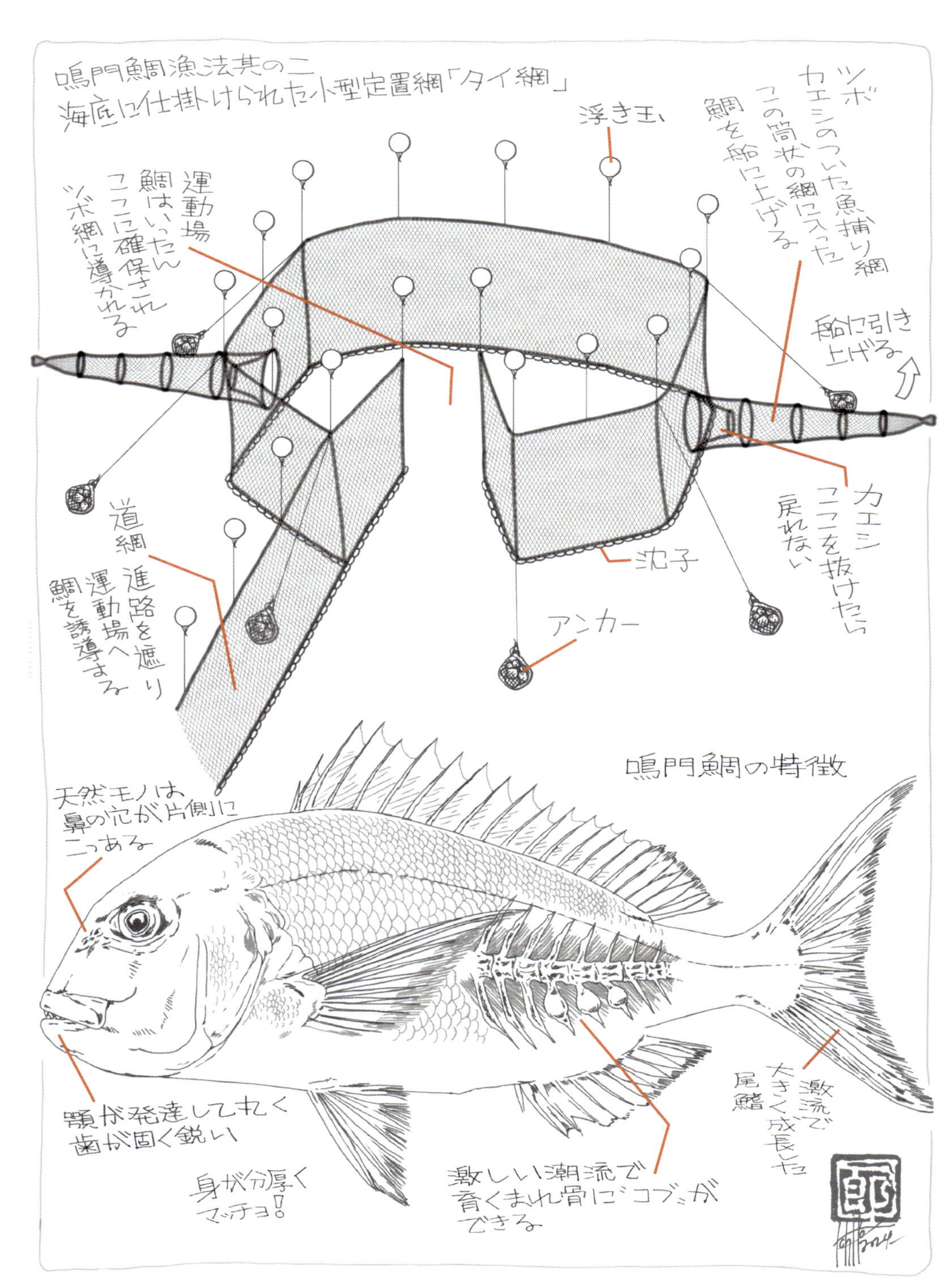
鳴門鯛漁法其の二
海底に仕掛けられた小型定置網「タイ網」
浮き玉
ツボ
カエシのついた魚捕り網
この筒状の網に入った
鯛を船に上げる
運動場
鯛はいったん
ココに確保され
ツボ網に導かれる
船に引き
上げる
カエシ
ココを抜けたら
戻れない
沈子
道網
進路を遮り
運動場へ
鯛を誘導する
アンカー
鳴門鯛の特徴
天然モノは
鼻の穴が片側に
二つある
顎が発達して丸く
歯が固く鋭い
身が分厚く
マッチョ!
激しい潮流で
育くまれ骨に"コブ"が
できる
激流で
大きく成長した
尾鰭

三人は一斉に箸を手に、いただきますと攻め入る！

先ずはタイカマの焼きに手を出したボク。焼きたて熱々を口に入れる。絶妙な塩味と甘き脂の旨みがタマラナイ！　ことに皮と身の間に満ちた脂の風味は格別で、これ以上の美食が他にあろうか……、と、その旨さにうっとりとしてしまう。

続いて鯛のカブト煮をいただく。箸でほろりと外せるその身は甘く柔らかく、どこまでも深い。飯がドンドン進んでしまう。改めて、鯛ってこんなにも旨いお魚なんだ……、ということを再確認し、この魚が何故、祝いの席や神事に振る舞われるかがよくよく解った次第。鯛はやっぱり魚の王様なのである。

刺盛は贅沢な厚切りのカツオから頂く。カツオ独特の風味が口いっぱいに広がって、思わずお姉さん、熱燗！　とお願いしそうになってしまった。勿論、鯛も炙りのサワラもこよなく絶妙で、ひときわ甘くふくよかだ。嗚呼、なんという贅沢！

ちなみに「びんび」とは徳島の方言で魚という意味で、こちらのお店の起源は、その「びんび」の干物作りから始まったという。その干物をバスやトラックのドライバーに提供したのが「びんびの家」という食堂で、やがて「びんびの家」はドライバーのみならず、家族連れやカップルなどにもクチコミが広まり、「びんび家」へと改名拡張。現在の素晴らしき栄華へと至ったのだ。

眉目よく、そしてその大きさに目を見張った三種メニューだったが、あっという間に完食！　綺麗に骨だけ、皿だけになったそれらの余韻に浸りつつ、店舗の目の前に広がる瀬戸内海播磨灘を眺めるボクら。ぱんぱんに張ったお腹は、至福の証である……。

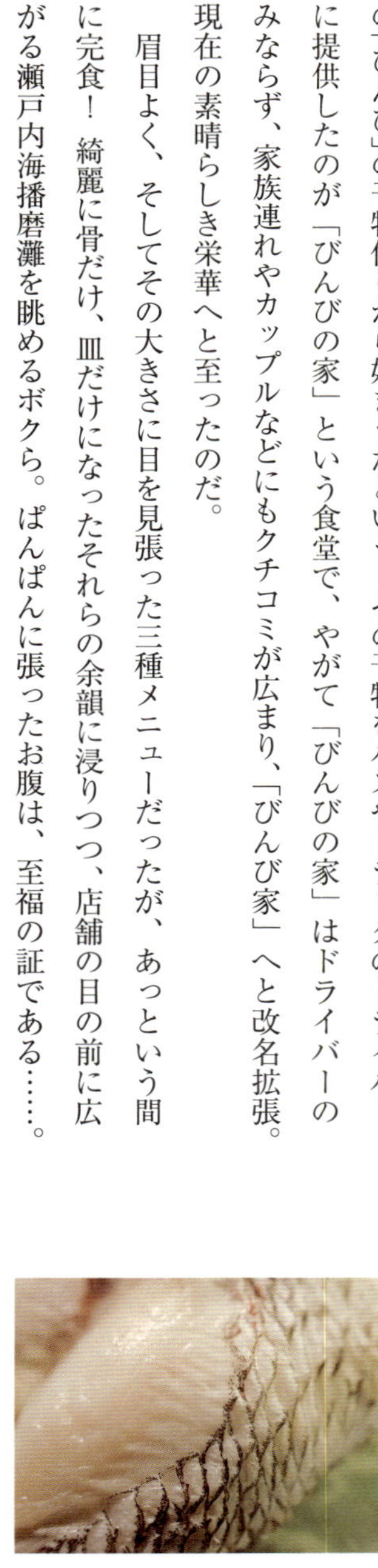
皮目が綺麗な「煮魚定食」のタイカマのアップ。ジュッ！　と滲む脂も、実にたまらない……。

あまたの旬魚が盛られた「刺盛定食」2000円

鯛のカマを選んだ「焼き魚定食」1000円。

鯛のカブトを選んだ「煮魚定食」1500円。焼き魚、煮魚とも、張り出しの、その日の旬魚から選べる。

＊主な食材はマダイ。詳細は85ページを参照。

安戸池（あどいけ）

ワーサン亭

日本ハマチ養殖発祥の地 安戸池の眺望を堪能しつつ ブランドハマチをいただく

「ワーサンは、ここ安戸池（あどいけ）で初めてハマチ養殖を成功させた人なんです」

ドローン会社の代表にして、徳島県に精通するTさんが熱く語るワーサンとは、1928年（昭和3）に、日本初のハマチ養殖をここ安戸池にて成就させた野網和三郎氏のニックネームである。

「池」と書く安戸池は列記とした海水域で、海流に運ばれた土砂により、閉鎖された地形となった次第。ブランドハマチの養殖をはじめ、牡蠣の養殖も盛んである。

ボクらがこの安戸池を訪ねたのは、こちらでとっておきのブリが頂けるとの、Tさんの強いお勧めがあったからだ。

早速、2階にその食堂「ワーサン亭」の入る堂舎「wa‐san」へ。ハマチ直売も行っているという、ふるさと特産品コーナーを横目に階段を昇って天井が高く開放的な店内へ。大きな窓からは、安戸池の見事な絶景を存分に堪能出来る。

メニューを見つめて矢庭に注文。ブランドハマチ祭りの始まりである……。

【安戸池】高松自動車道引田 IC 下車。国道 40 号、11 号と繋ぎ、県道 122 号で安戸池へ。JR 引田駅より２㎞。
【ワーサン亭】香川県東かがわ市引田4373
営業時間／ 10:30 ～ 13:30 ［日、祝］10:30 ～ 13:30
定休日／火曜（他、年末年始休みあり）
TEL ／ 0879-33-2800

「ハマチ丼定食」1000円。
お値頃で最高に旨し！

安戸池に浮かぶ養殖筏にて
餌付け体験。（入場料他あり）

「ワーサン亭」の店内。安戸池のオーシャンビューを堪能しながらいただく、ブランドハマチは格別である。

各種ハマチレシピを楽しみ養殖筏にて餌付け体験

ボクらはそれぞれ「ハマチ刺身定食」、「ハマチ丼定食」、「ハマチカツ定食」、「ハマチカツカレー」をチョイス！　4人居れば4種の品を楽しめる。

先ずは迷わず、「ハマチ刺身定食」の、これでもかというほど分厚い切り身を頂く。サクリとした歯ごたえの次に来るしなやかなる独特の食感は、このうえなく溢れる上等なる脂の成せる技で、甘味と、ほんのりと感じる上品な酸味溢れて本当に旨い。

続くハマチ丼のネタは、切り身より食べやすく切り分けられており、ご飯と咀嚼すると、より深く繊細な甘味となってたまらない。

ハマチカツは重厚濃厚で味わいもハッキリ濃く、いやはや、魚にして肉々しい。

「ここは市と漁協の共同施設で、ハマチ養殖発祥の地として〝ひけたブリ〟というブランドを築いて頑張ってます」こちらの歴史とブランドブリのお話を聞かせてくれたのは「株式会社ソルトレイクひけた」の六車所長である。

所長のお勧めで、お隣の「marre riccon／海と魚の体験学習館」にて、餌付け体験ができるというので、鯛のいけすにてペレット（餌）をパラパラと撒く。

その須臾、海面が沸き上がり飛沫と共に怒濤の鯛の群が押し寄せる。ハマチ養殖発祥の地にて圧倒的な生命観に触れ、嗚呼、感無量なり。

安戸池を渡る風はとても心地よかった……。

「ハマチカツカレー」900円。ハマチカツは万能！　カレーに実にマッチするのだ。

食感が最高！　「ハマチカツ定食」900円。

分厚い切り身が自慢「ハマチ刺身定食」1000円。

瀬戸内海　魚 DATA

【ハマチ】

スズキ目、アジ科、ブリ属。関西でのブリの若魚の名称。出世魚のブリは、西ではモジャコ、ワカナ、ツバス（ヤズ）、ハマチ、メジロ、ブリと名称が変わるが、50㎝程度のものをハマチと呼ぶ。脂乗りがほどよく、成魚のブリより好む地方が多い。世界初のハマチ養殖の事業化に成功した地が安戸池である。

琵琶湖

琵琶湖

希有なるビワマスと湖産鮎が棲まう近淡海と呼ばれた日本最大の淡水瓶……

琵琶湖はいわずと知れた、日本最大の湖である。滋賀県のおよそ6分の1を占めるといわれる面積は669・26㎢。最大水深103・58mで、湖岸の総延長は235・20㎞。117本の一級河川を含む約450本の流入河川が貯水量27・5㎦というとてつもない水瓶の源となっている。流出河川は瀬田川と琵琶湖疏水（人工水路）の2本で、それらのインアウトの河川によって湖の水が入れ替わるためには、19年もの年月がかかるといわれている……。

諸々の数値があまりにも膨大で逆にピンと来ないが、太古より近淡海（ちかつおおみ）、淡海（あふみ）、水海（すいかい）と呼ばれていたことからも、昔の人々は、琵琶湖を大海と捉えていたのだろう。

とにかく大きい琵琶湖は、その規模故に数多の伝承も残っており、面白い所では、古代の伝説上の巨人、デイダラボッチが比叡山につまづき、勢い余って蹴り飛ばした地面に空いた穴が琵琶湖、さらにその際に飛んで行った土塊が淡路島になった、という話もあり、そのいい伝えさえ凄まじくビッグスケールなのである。

かような無量なる水瓶の生態系は、これまたその大きさ故に実に豊で、ヒガイ、モロコ、ワタカ、ヌマチチブにヨシノボリ、ビワコオオナマズ、ゴロウブナなど、代表的な魚種だけでも約50種類、更にオオクチバスやブルーギル、ハクレンなどの外来種

も多く近年問題になっている。実はワカサギも外来種指定で、琵琶湖はワカサギの自然分布域ではないため、外来種リストに掲載されているのだ。

資源として最も重要視されているのが、琵琶湖固有種のビワマスと琵琶湖産アユで、どちらも極めて美味であるが、ボクはコアユと呼ばれる琵琶湖産アユの「追いさで網漁」に、2014年の旅にて遭遇したことがある。黄昏の琵琶湖湖畔を愛車、T4ウェスティで行くとそれは突然現れたのだ……。

「追いさで網漁」は、追っ手と捕獲の二手に分かれて操業される。追っ手は、長い竹竿の先に結んだテグス（釣り糸）の先にカラスの羽を括り、それを大型の捕獲魚に例えて操作し、シャロー（浅瀬）にてプランクトンを捕食しているコアユを追い立てる。

追われたコアユは群のまま、巨大な「さで網」が待ち構える捕獲地点に突入する。群が入ったその瞬間、沈められていた「さで網」はみなもを割り飛沫を上げて、まるで大きな水鳥が羽を広げるように、湖面上に展開されるのだ。逆光に輝くそれは幻想的で、見とれていたボクは、シャッターを押すことを忘れそうになった……。

「こんなもんじゃ！」といって、バケツいっぱいに溢れそうなコアユを、翁が見せてくれた。日焼けした肌に年季の入った深い皺。胸と腕章に地元漁協のライセンスを記した方々は、みなご年配であったが、皺が刻まれたそのお顔は満面の笑顔だ。

かような伝統漁法で捕獲されたコアユは、「アユ苗」として全国河川に放流される他、そのまま頂いたり、より大型に養殖したりと、食材として大いに活用される。

果たしてそんな琵琶湖の産物を頂くため、ボクは再び近淡海へと旅に出たのだった。

琵琶湖
滋賀県
長浜市

南浜魚港

鮎茶屋 かわせ

拘りの琵琶湖産鮎 生きたままで提される 鮎尽くし料理とビワマス

北陸自動車道長浜ＩＣから県道37号を琵琶湖方面へ向けゆるゆると流し、ドンツキで対面する琵琶湖岸の県道３３１号を北西へ進むと「南浜漁港」へと至る。淡海や近江の海など、古くより正に〝海〟を指す称号を持った「琵琶湖」は、日本最大の面積と貯水量を持つ湖で、「南浜漁港」より眺めるその眺望は綿津見そのものだ。「琵琶湖」ではアユやビワマス、ニゴロブナなどが伝承されるいにしえの漁法で漁獲され、それぞれに趣がある。なかでもコアユ漁の模様は見応えあるものだ。

コアユの群を船で追い、船首の大きな網ですくう「沖すくい網漁」、「エリ」と呼ばれる定置網にコアユを集める「エリ漁」など希有な伝統漁法として存続されるが、琵琶湖の春の風物詩と呼ばれる「追いさで網漁」は、ひときわ風情がある。

湖岸で群れをつくるコアユを、「追い棒」とよばれる、カラスの羽でできた疑似を結んだ竿を駆使して追い立て、それを大きな「さで網」を構えた救い手が、イッキに掬い上げるその様は正しく圧巻！

【南浜漁港】 北陸自動車道長浜 IC から約 12 分。
【鮎茶屋 かわせ】 滋賀県長浜市南浜町上川原 53
営業時間／［平日］11:30 ～ 14:00（L.O. 13:30）17:00 ～ 21:00（L.O. 20:30）［土日祝］11:30 ～ 14:30（L.O. 14:00）17:00 ～ 21:00（L.O. 20:30）
定休日／なし
TEL ／ 0749-72-4110
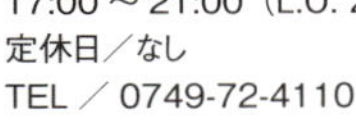

跳ね上がった鮎のオブジェが「鮎茶屋 かわせ」の目印。

生きたまま串を打たれて供される、琵琶湖産の鮎。

天井が高く、至極趣在る店内。テーブルには遠赤グリルが据え置かれる。窓の外には眉目よき水田の眺望が広がる。

生きた鮎をテーブルにて遠赤でじわりと焼く

「追いさで網漁」をはじめ、それらの漁法にて獲られたコアユは主に養殖池へ出荷され、独自の飼料を与えられて、より大きな食用のアユへと育てられる。かような琵琶湖のコアユを自社養殖で大切に育て提供しているのが、前記の「南浜漁港」近く、上川原地区に愉しき鮎の看板を掲げた「鮎茶屋 かわせ」である。

そのなんとも愛嬌ある鮎の看板と、トラディショナルな店舗の構えは景趣あるもので、天然木の一枚板に描かれた「鮎茶屋」という看板が掲げられた引き戸を潜ると、まるで過ぎ去りし時代にタイムスリップしたかのような、素敵な空間が広がる。

賄（まかな）いさんに案内されて通されたのは、武家屋敷のような構えの広いお座敷であった。

堂々たる構えの店内であるが、メニューを見て安心。各種料理のお値段は玉石で、ありがたいことにお値頃のコースまであったので早速、鮎の塩焼き、付き出し、刺身盛合せ、鮎の唐揚げ、南蛮漬け、ごはん、味噌汁がセットになった「高時川」というコースをお願いした。

特筆すべきは、鮎が生きたままで出てくるということ。串を打たれ、ほどよくあて塩された鮎をテーブルのグリルで自分で焼くのだ。グリルは遠赤と、これまたその拘（こだわ）りようが伺える。生きた鮎を遠赤でじわりと焼く。これ以上の贅沢があろうか？

そのほどよく焼けた鮎を、頭から丸ごとガブリとやる！　実に旨い！

「高時川」の鮎の刺身。歯ごたえよく、さっぱりとした味わいだが、深い甘味もあって絶妙。

カラスの羽根を付けたウザオで
コアユをさで網に追い込みすくい取る
「追いさで漁」
ウザオの先にテグスを介して付ける
カラスの羽根でできたギジ(疑似)
長さ5メートルのハチクでできた
ウザオを持つ追い手 コアユを沖に
散らさない技を持った名人
受け手がさで網を広げる
その瞬間は圧巻!。
琵琶湖特有のコアユは
成長しても
10センチ程度の大きさ
コアユはバケツに移して
直ぐに軽トラのイケスへ!。

皮と身の間にジュワッとしみ出る艶めかしい脂の甘味とワタの奥深い苦み、それらを整える塩味が実によく整合され、熱々の舌触りも最高だ！

昨今、鮎の養殖は様々な形で進化している。中には脂がやたらと多いものもあるが、姉川と草野川の合流点となる中洲の豊富な伏流水で育てられたこちらの鮎は、その出来映えが実に見事で、最高のコンディションだった。

「こりゃ、何匹でも食えるぞ……」

勇んでがっつくボク！　箸は刺身盛合せ、鮎の唐揚げ、南蛮漬けへと進み、正に御膳上等、極大たる満艦飾の極上鮎尽くしを心ゆくまで楽しんだ次第。

とどめは「ビワマスの漬け丼」である。こちらでは、アメノウオと呼ばれる琵琶湖の固有種、琵琶湖の漁師たちが「琵琶湖の魚の中で一番おいしい」と口を揃えるビワマス料理も、拘りを持って提供しているのだ。

鮎も至極旨いが、「琵琶湖の宝石」と呼ばれるオレンジ色のその身を漬け丼にした「ビワマスの漬け丼」を外すわけには行かないので、別注しておいたのだ。

箸でガッ！　と多めに掬って口の中へ！　その刹那、甘露でトロリとしたビワマスの世界が口中に広がる。米とのマッチングも最強だ！

嗚呼、なんという幸せ！

贅沢で禍福な宴の余韻を暫く楽しみ、ズズズとお茶をすすって、窓の外に広がる田園の緑を堪能する。

極めて心嬉しく、実に満たされた瓜時の日盛りであった……。

「琵琶湖」の宝石と呼ばれる「ビワマスの漬け丼」。この旨さにして破格の650円（取材時）！

鮎の塩焼き、付き出し、刺身盛合せ、鮎の唐揚げ、南蛮漬け、ごはん、みそ汁がセットになった「高時川」。2300円。

琵琶湖　魚 DATA

【アユ】

キュウリウオ科。アユ亜科。仔稚魚期に降海し、その後河川遡上して成長するが、琵琶湖産鮎は琵琶湖を海の代わりとして成長する。琵琶湖に止まるものをコアユ、河川遡上するものをオオアユと呼ぶ。「エリ漁」（定置網）や「追いさで網漁」は琵琶湖の希有なる風物詩。とても美味で古来より食されている。

焼代
1袋 ¥200円
おざきのひもの

太平洋

太平洋

海流が運ぶ禍福豊かなる太平洋
贅物溢れる豊穣の海へ美味しい旅にいざ！

「太平洋」をして母なる海といわしめるが、とても麗しき言葉だと思う。

全ての生物は原始の海から生まれたといわれているが、母体の羊水はその名残なのだろうか、成分が殆ど海と同じだという。即ち人類はみな海の子なのである……。

かくいうボクも海の子なのである。幼少期に体験した春の潮干狩り、夏の海水浴にはじまり、青春期のかりそめの恋に破れ、脈絡なく冬の渚を眺めたりした。母なる「太平洋」はいつも優しくボクを受け入れてくれたのだった。

かくの如き「太平洋」のその規模は、想像を絶する驚嘆の世界である。南北アメリカ大陸、ユーラシア、オーストラリア、南極といった、各大陸に囲まれた世界最大の海は、その面積、約1億5555万7千平方キロメートルで、これはなんと地球表面のおよそ3分の1にあたる規模。世界の海の総面積の46％を占めているのだ。

また、この地球上で一番深い所も「太平洋」である。マリアナ海溝のその水深は海面下1万911メートル。そして太平洋の平均深度は約4188メートルといわれている。正しく、母の愛は海よりも深いのである。

かような「太平洋」の旅のスタート地点は、明治前期には東京湾、大阪湾に次ぐ水運の中心地であった伊勢湾となった。

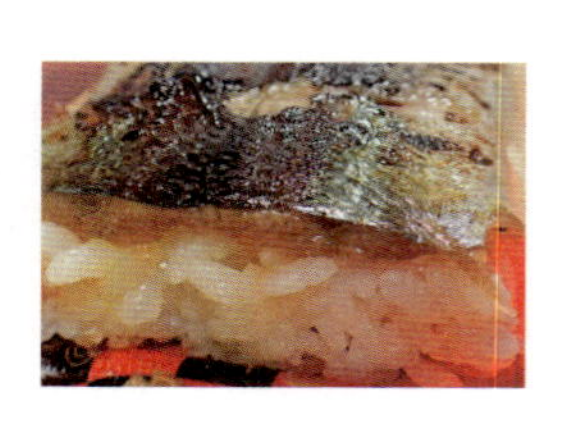

沿岸部では数多の漁港を訪ね、かつての港町の趣を楽しみつつ、素晴らしき「漁港食堂」にてカレイにハマチ、サバやカマスに舌鼓を打ち、さらに紀伊半島突端を目指して南下し、熊野灘の恩恵にも預かった。

また希有なるアッパ貝、ビンチョウマグロやアジ、メバチマグロにマダイ、ケンサキイカ、マダコ……、と百花繚乱の恵みを堪能し、禍福の時を過ごした。

あまり知られていない所では、サンマ漁の発祥の地は紀伊半島熊野で、江戸時代初期から毎年秋に群れるサンマを大量に水揚げしており、丸干しやサンマ寿司といった、特有の食文化が根付いていて、もちろんこれらのサンマも美味しく頂いた。

ちなみに、ここにあげたお魚は「太平洋」の思し召しのほんの一部だ。数え切れないほどの魚類、イカ、タコなどの軟体動物、エビやカニなどの節足動物にクジラ、イルカ、アシカやトドなどのほ乳類など実に多くの生物が「太平洋」に溢れており、特に日本近海は多種多様の生物の宝庫で、その多さは学術的に注目されているという。

豊かさの背景には、南北に長い列島に沿って流れる海流の影響が大きい。北からは親潮とよばれる冷たい千島海流が、南からは黒潮とよばれる温かい日本海流が流れ込み、様々な海溝や大陸棚、複雑な海岸線と相まって彩り豊かな気候を作りだし、多様性の苗床となっているからに他ならない。豊穣なるご馳走の海、「太平洋」に恵まれた我が国は、美味しさの楽園なのである。

嗚呼、「太平洋」のそんなこと、あんなことを考えているとワクワクが止まらない。さぁ「太平洋」に沿って旅を進め、いざ、いただきまぁす！

太平洋
三重県
四日市市

富双水路（運河）

海の練れ者の隠れ家！とっておきの漁港食堂で至高のカレイの煮付けを頂く

四日市港第二船員会館

コンビナートの狭間から干潟を眺めつつ、直線的な眺望の富双水路へ至る。波止のドンツキ間近まで行くと「四日市港第二船員会館」というビルヂングが聳えていた。

船員会館という名称より、海の練れ者がガツガツと旨そうに魚を喰らうイメージを勝手に妄想して、勇み足で食堂にお邪魔すると大ピンポン！　カウンター前にズラリと並ぶ煮魚や焼き魚のオカズ類。お造りは冷蔵ケースの中。混沌とした数多の張り出しがまた凄い。これらを選んで、アレコレ組み合わせることができるのは実に楽しい。

実に迷ったボクであったが、カレイの煮付けに強くいざなわれ、それをメインにアサリの佃煮や味噌汁などを盆にのせてお会計。カレイの煮付けはボクが幼少の頃より好んで食べた大好物！　故に味にはウルサイのであるが、パクリとやったら嗚呼幸せ！　ふわりとした食感と、その深い甘味なる世界に大いに酔いしれたのだった。

「幻の鯛丼っていうのがあるんだがね」と、常連さんらしき方が、朝イチで完売してしまうという稀少なメニューを教えてくれた。再訪を強く心に誓ったボクであった。

【富双水路】伊勢湾岸自動車道、みえ川越 IC より国道 23 号を介して富双水路へ。JR 富田駅から徒歩20 分。近鉄富田駅から徒歩21 分。
【四日市港第二船員会館】三重県四日市市富双2丁目1- 1
営業時間／［月～土］6:30 ～ 20:00　［日］6:30 ～ 9:00 頃
定休日／日曜、年末年始
TEL ／ 059-364-2369

実に「漁港食堂」的な、
レトロで趣在る食堂。

煮魚カレイ 550 円。みそ汁
とライス合わせて 250 円。

カウンターにはお値頃なオカズがズラリである。鯛のカブト煮や、アラ大根などもあって、お魚好きにはタマラナイのだ。

四日市ヒモノ食堂 本店

ヒモノ工場直営 創立昭和11年の味 ジュッと焼いたかますに昂ぶる

前記の「四日市港第二船員会館」より富双水路に沿って350m、徒歩5分。素晴らしき「漁港食堂」が立ち並ぶこの地区に、烈しい妬ましさを憶えつつ「創立昭和11年　四日市ヒモノ食堂」と書かれた看板の屋舎へ。

先ず驚いたのが、さばにあじ、かますにきんき、あかうお、真ほっけ、からすかれいに、いか……、と、ズラリと並べられた干物の数々。しかし、これだけの種類があると本当に迷う。考えるな、感じろ、と、ブルース・リーの名言を思い出し「かますの干物」を直感的にチョイス！　かますは、「カマスの焼き食い一升めし」という諺があるように、一匹で一升のご飯を食えると例えられるほど旨く、実に飯にマッチする。

待つこと少々。テーブル席からも見える、業務用の大型遠赤グリルで焼かれた「かます」が運ばれてきた。箸でほぐしてフーフーとやってパクリ！　遠赤でじっくり焼かれた皮はパリッ！　とした食感で、その皮と身の間からはジュッ！　と甘味の濃い油が滴る。かますはただ甘いだけでなく、独特の風味と適度な締まりがあり、それがまた実にたまらない。一尾一升めし！　ここに極まる！

看板に偽りなし！　干物工場が営む、創立昭和11年の「漁港食堂」は目覚ましくもあっぱれなる。夢の干物ワールドであった……。

未だ昼前なのだが、干物工場直営の味を求める常連さんで店内は賑わっていた。

【四日市ヒモノ食堂 本店】 三重県四日市市富双町2-1-30
営業時間／［月～金］7:00～19:00（L.O. 18:30）［土日］7:00～20:00（L.O. 19:30）
定休日／無休（年末年始を除く）
TEL／059-365-3123

「かます」550 円。魚に +350 円で定食に。

ズラリと並んだ数多のヒモノ。本当に迷うのだ。

太平洋　魚 DATA

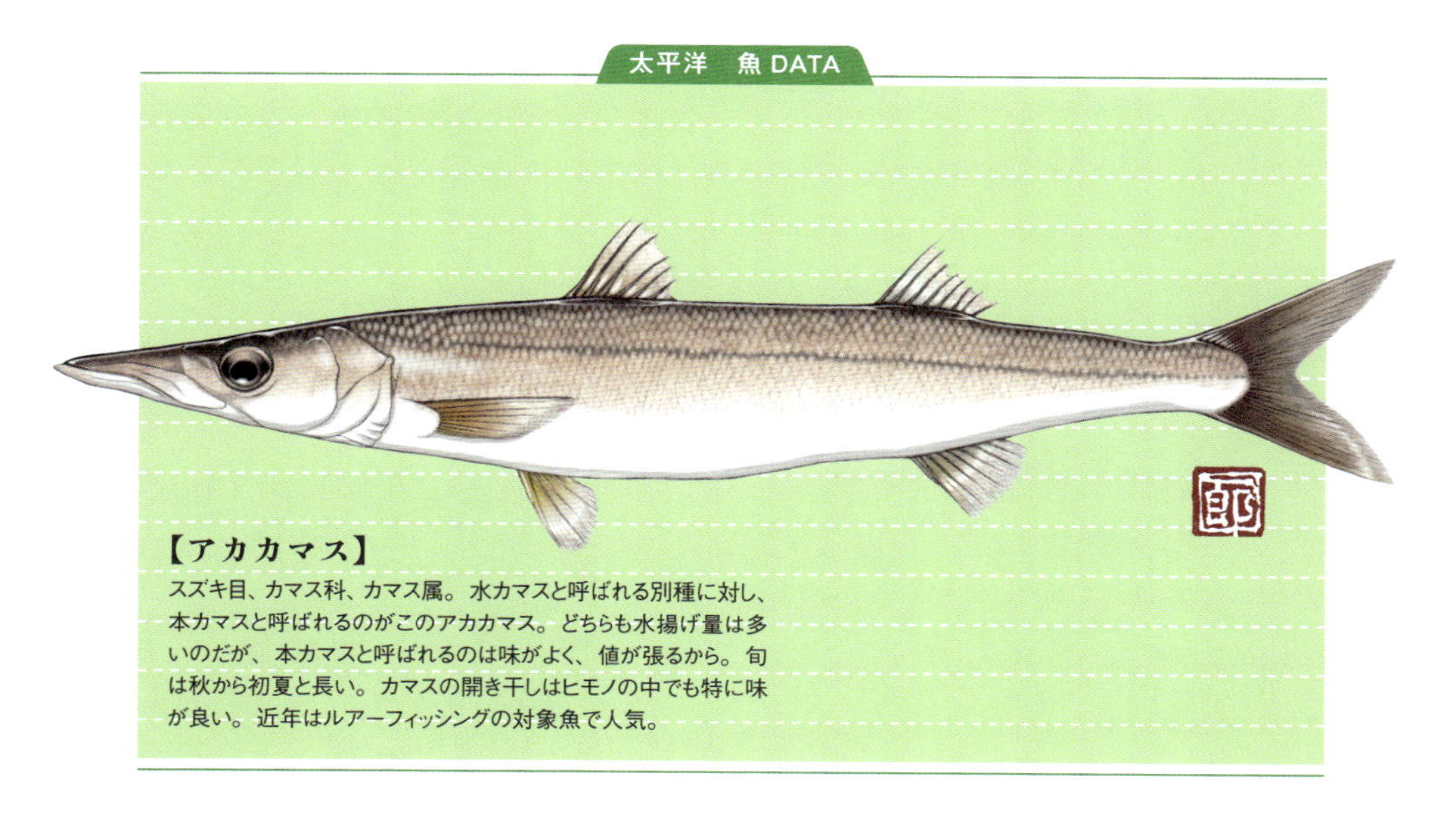

【アカカマス】

スズキ目、カマス科、カマス属。水カマスと呼ばれる別種に対し、本カマスと呼ばれるのがこのアカカマス。どちらも水揚げ量は多いのだが、本カマスと呼ばれるのは味がよく、値が張るから。旬は秋から初夏と長い。カマスの開き干しはヒモノの中でも特に味が良い。近年はルアーフィッシングの対象魚で人気。

太平洋
三重県
志摩市

浜島港（はまじまこう）

磯料理ヨット

南伊勢の三大名物
アッパッパ貝に
心胆大いに満たされる

風光明媚なる伊勢志摩国立公園の眺望に心弾ませながら、禊月（けいげつ）の街道を行く。複雑なリアス式海岸に沿ってウネウネと走り、オレンジ色の大きな貝殻と、絶巧な伊勢海老のオブジェを掲げた屋舎へ。こちらが「磯料理ヨット」である。

何故ヨットなのだろうか、オーナーがヨット好きなのかな？　と素朴な疑問を感じつつ、引き戸を潜り（もぐり）純和風の様式の店内へ。

早速、メニューを見つめボクは「貝チャーハン」、取材応援団のカミサンは「ヨット定食」を注文する。その際、定食はどんな内容なのかと尋ねると「ヨット定食には、刺身二品とアッパッパ焼きが三枚付きます」と若大将の岩崎和哉さん。

アッパッパ焼きが凄く気になったので、更に突っ込んで聞くと、「正しくはヒオウギ貝。他の貝よりも烈（はげ）しゅう口を開けたり閉めたりするで、アッパッパ！　なんです。海から上げてしまうと直ぐに弱るで、こうやって水槽で飼うとるんです。ほんまに鮮度が命！　味は濃くてむっちゃうまいですよ」とのことで、大いに期待！

【浜島港】伊勢自動車道玉城 IC 下車、県道 169 号から国道 260 号、県道 152 号と繋ぎ、県道 112 号にて浜島漁港へ。近鉄鵜方駅から宿浦行きのバスに乗って約 20 分。鴻住停留所下車徒歩すぐ。

【磯料理ヨット】三重県志摩市浜島町浜島1161- 6
営業時間／ 11:00 ～食材がなくなり次第終了。
定休日／火曜（祝日の場合営業）
TEL ／ 0599-53-0486

アサリの旨みたっぷりの
「貝チャーハン」800円。

心和らぐ純和風の店内。
カウンター奥が厨房だ。

厨房で「アッパッパ貝」を焼く、三代目の岩崎和哉さん。奥にいらっしゃるのが二代目の博光さん。親子の連携は抜群!

濃厚なるアッパッパ貝と意外なる店名由来！

果たして、待望の「ヨット定食」と「貝チャーハン」が運ばれてきた。お脳は既に「アッパッパ貝」で昂ぶっていたので、カミサンから一つもらってパクリとやる！　なんだこれは！　濃厚な旨みと、この貝特有の他にはない甘味と風味が口いっぱいに広がる。あまりの旨さに、もっともっと食べたくなったが、三枚のうちの一枚を頂いてしまったので仕方ない。略奪すれば遺恨が残り、今後数年間責め立てられることは必至なので、気持ちを切り替えて「貝チャーハン」へ。

スプーン一杯にアサリと米を積載して、溢れんばかりに頬張ると、嗚呼、こちらもたまらない。アサリの旨みとチャーハンの油が絶妙なハーモニーを醸し出し、いやはやこれは癖になる！　あれよというまにペロリ！　であった。

「父の代の１９６９年からやってます。息子が大阪の修行から帰ってきてくれたので、これからがむっちゃ楽しみです」そういって目を細めたのは、二代目にあたる岩崎博光さん。親子三代が紡ぐ「漁港食堂」は禍福なる空気に包まれて、とても心地よい。

話はなお膨らんで、ご近所の仕入れ先「八百竹商店」という鮮魚店が。色よきお店と伺いそちらへ……。最後に店名の由来がどうしても気になったのでそれを尋ねると、「寄っといでぇ、という意味なんです」と博光さん。なんと、そういうことなのか！　なんとも鯔背（いなせ）な駄洒落に、ホッコリとした満腹のボクらだった。

仕入れ先「八百竹商店」の鮮魚。お魚に干物など、伊勢志摩のお土産が盛り沢山。

「アッパッパ貝」を堪能出来る「ヨット定食」2000円。この日のお刺身は、マダイとメバチマグロで旨々！

太平洋　魚DATA

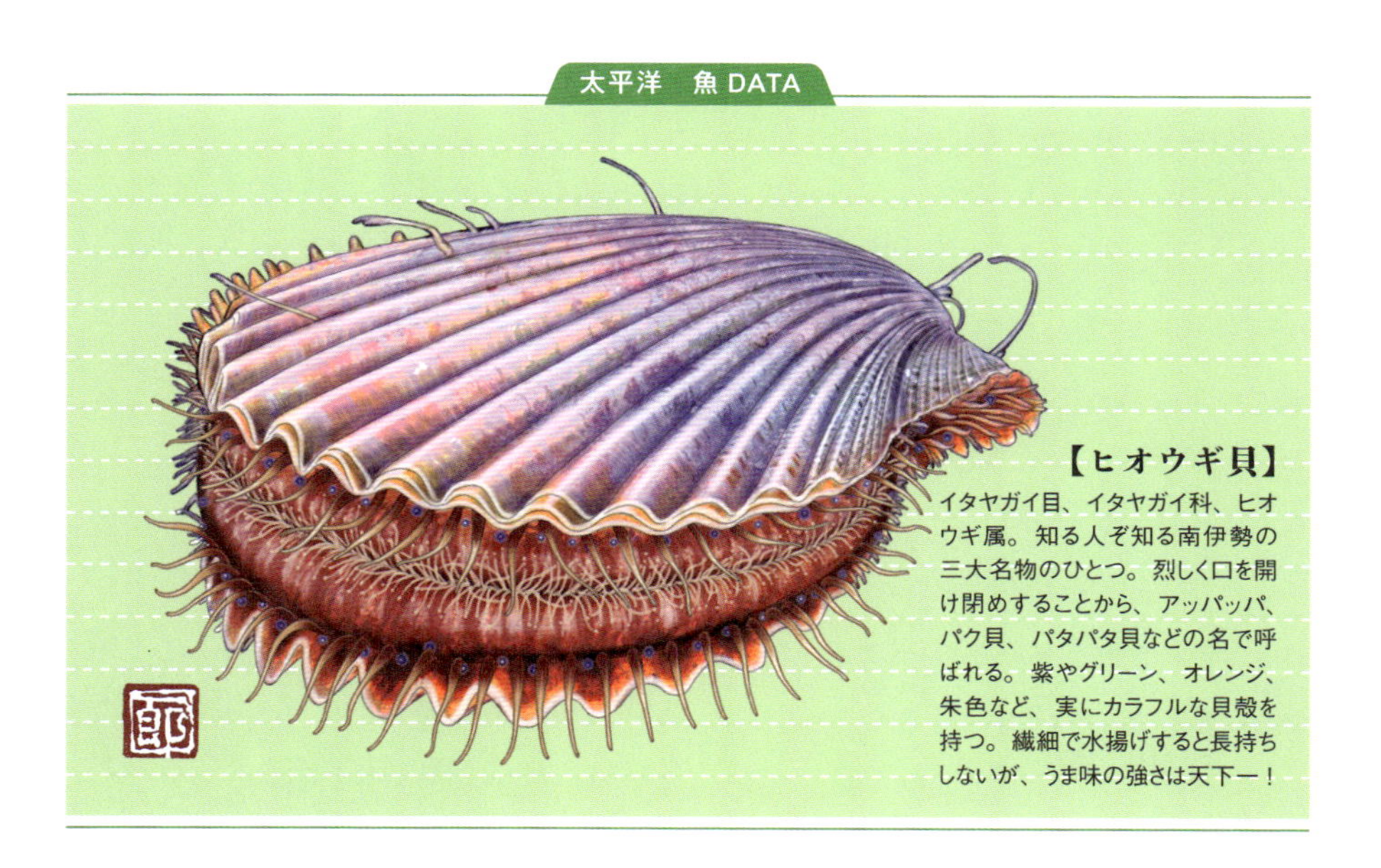

【ヒオウギ貝】

イタヤガイ目、イタヤガイ科、ヒオウギ属。知る人ぞ知る南伊勢の三大名物のひとつ。烈しく口を開け閉めすることから、アッパッパ、パク貝、パタパタ貝などの名で呼ばれる。紫やグリーン、オレンジ、朱色など、実にカラフルな貝殻を持つ。繊細で水揚げすると長持ちしないが、うま味の強さは天下一！

太平洋
三重県
南伊勢町

五ヶ所浦漁港

旨々「かしき料理」に舌鼓 ビンチョウマグロたっぷりのグルグル丼に酔いしれる

丸魚食堂

ウネウネと連なり曲線を描く、リアス式海岸に沿った街道を流し、昼中の日差しにキラキラと輝く入江を眺めながら、碧空の五ヶ所浦へ。

五ヶ所浦はかつて真珠の養殖で名を馳せた海港だ。伊勢志摩から始まった世界初の真珠養殖は、産業イノベーションで、現代でいうところの隆盛ベンチャーである。

胸の内にかような時代のドラマを描きつつ、かしき料理の店「丸魚食堂」と描かれた看板を発見。〝かしき〟とは炊事をすることを意味するのだが、漁師の世界では、初めてかつお船に乗り込み、見習いがてら飯炊きをする新米船員のことを指す。

かつて漁師町では、学校を卒業したら船頭になることを夢に、かしきとしてその世界に飛び込むのが慣わしで、そんな彼らが先輩漁師から受け継ぎ、幾代にもわたって受け継がれてきたのが「かしき料理」というわけである。

ついとお邪魔したボクらはメニューより「グルグル丼」と「アジ丼」を注文。これら魚丼のその起源は、勿論板子の上で振る舞われたものである。

【五ヶ所浦漁港】 伊勢自動車道玉城 IC 下車、県道 169 号から県道 719 号と繋ぎ、県道 169 号にて五ヶ所浦へ。
【丸魚食堂】 三重県度会郡南伊勢町船越2818- 5
営業時間／ 10:30 ～ 15:00（L.O. 14:30）
定休日／水曜、第 1 第 3 火曜
TEL ／ 0599-66-1222

味噌汁と漬け物が付いた「アジ丼」1100 円。

五ヶ所浦漁港近く。国道 260 号沿いの「丸魚食堂」。

食堂内の壁には、ご主人が手がけた見事な絵画が並ぶ。

ビンチョウにアジ
歓喜なる極上の風味

「グルグル丼」は、トロマグロ切り身に山芋と卵が乗った見栄えのするもので、今時期のネタはなんですかと尋ねると「ビンチョウですよ。うちの主人が漁師やで、新鮮なネタが手に入るんです」と、女将の宮本さゆりさんが教えてくれた。

ビンチョウは標準和名ビンナガで、胸鰭(むなびれ)が長いのでトンボとも呼ばれる小型のマグロである。冬場の脂が乗ったものはビントロと呼ばれ別格扱いで、大いに期待！

運ばれてきた両丼に手を合わせて、いただきます！　先ずは「グルグル丼」に手を付ける。箸でガッツリ口の中へ！　トロリとした食感とこの時期の脂、酸味がなく甘味が強いビンチョウ特有の風味が、山芋と卵の優しい甘味に調和して、更に醤油ベースの甘タレの香りがより深い味わいを醸し出し、すこぶる旨い！

続いて「アジ丼」をいただく。鮮烈濃厚！　甘味と血合いの酸味がたまらないうえに、こちらも醤油ベースの甘タレが効いており、更にそれにショウガのピリリとした味わいと香りが加わって最高に飯に合う！

感動しつつ完食！　ふと室内に多々掛けられた絵画が気になった。誰の作品ですかと訪ねるとご主人の手によるものだという。

いやはや、かしきから叩き上げた船長は実に多彩！　美味な料理と美々しき絵画にて、ボクらはこのうえなく幸せな時を過ごしたのである……。

こちらも漁師である、ご主人の手によるマダイの絵画。見事なアート作品である。

トロマグロ切り身に、山芋と卵が乗った「グルグル丼」は、味噌汁と漬け物が付いて。お値頃 1300 円なり。

太平洋　魚 DATA

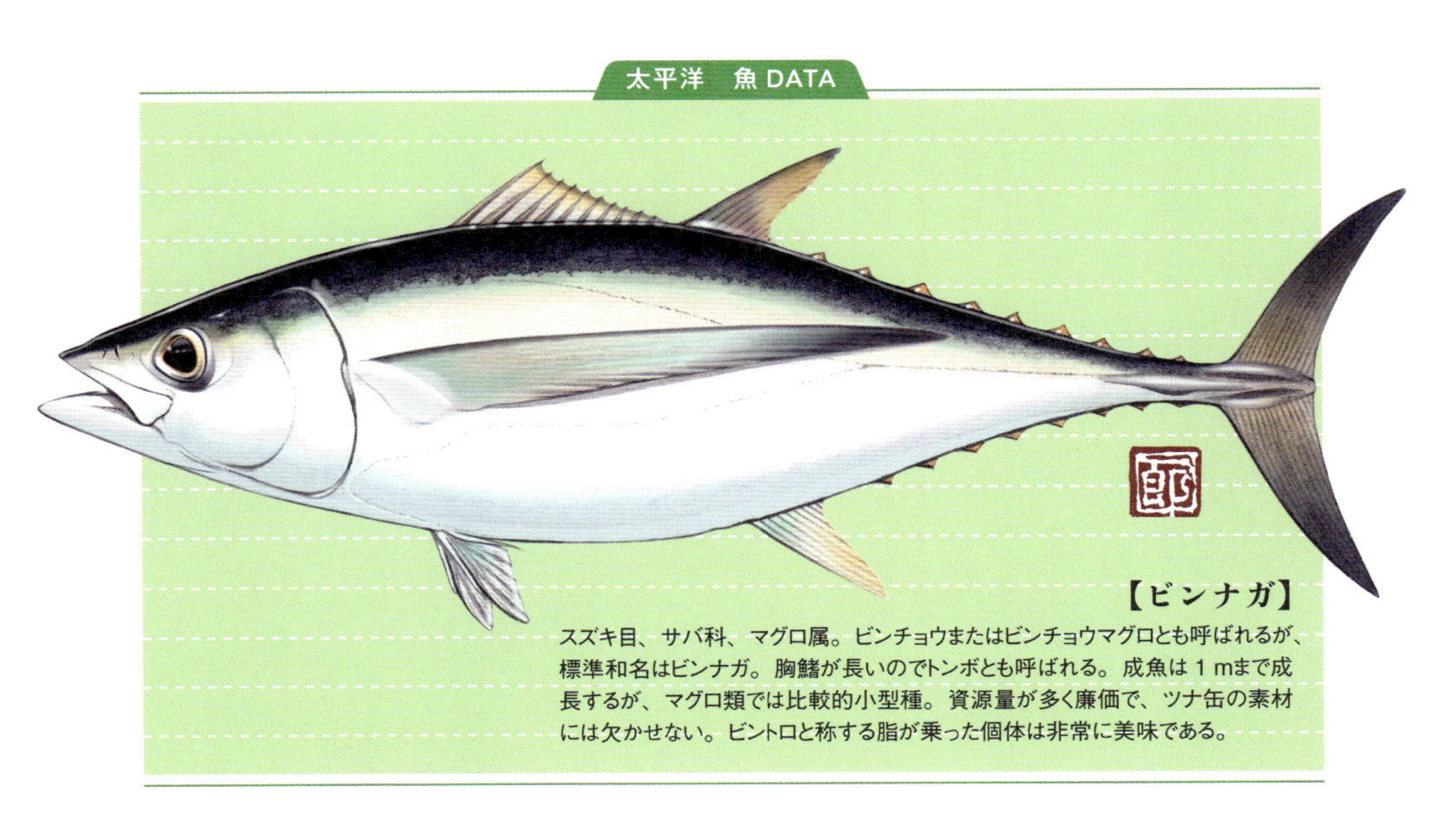

【ビンナガ】

スズキ目、サバ科、マグロ属。ビンチョウまたはビンチョウマグロとも呼ばれるが、標準和名はビンナガ。胸鰭が長いのでトンボとも呼ばれる。成魚は 1 mまで成長するが、マグロ類では比較的小型種。資源量が多く廉価で、ツナ缶の素材には欠かせない。ビントロと称する脂が乗った個体は非常に美味である。

太平洋
三重県
紀北町

長島港（ながしまこう）

万両寿し（まんりょうずし）

三代にわたって受け継がれる伝統のサンマ寿司と渡利カキの握り寿し

三重県亀山市の亀山駅を起点として、紀伊半島を海沿いにグルリと走り、和歌山県新宮市の新宮駅を経て、和歌山市駅に至るという、長大な384・2㎞の路線距離鉄道路線、JR紀勢本線の紀伊長島駅の目の前。

そうなのである。今回の「漁港食堂」は今までの立地とちょっと違って、ほんの少しだけ内陸に位置している。もっとも、紀伊長島駅から長島港まではゆっくり歩いても13分ほどということなので、旅情溢れる駅舎と漁港の街の食堂……、という括りにて差し許していただければ、これ幸いである。

県道751号より紀伊長島の市街地を流し、紀伊長島駅に至る。駅舎を左手に見て進むと、ほぼ駅の敷地繋がりといった様相の「万両寿し」である。

「じいちゃんがこのお店の初代で、母親があと継いで、このサンマ寿司の味を残してくれたもんで、それにちょっとずつアレンジ加えて、自分なりになんとか商売やらしてもろうとるだけなんです……」

【長島港】紀伊長島 IC 下車、県道 751 号にて紀伊長島の市街地を抜け県道 766 号に繋ぎ、長島港へ。JR 紀伊長島駅より徒歩 13 分。
【万両寿し】三重県北牟婁郡紀北町東長島200- 4
JR 紀勢本線、紀伊長島駅の目の前。
営業時間／ 8:00 ～ 17:30
定休日／不定休
TEL ／ 0597-47-0394

「万両寿し」目の前、JR 紀勢本線の紀伊長島駅の眺望。

汽水産「渡利カキの握り寿し」850 円。6 貫入り。

懐かしき佇まいの「万両寿し」の店内。左側のイートスペースは現在使われておらず、持ち帰りのみの注文。

晴れの日に食された南紀のソウルフード

至極謙虚に店とご自身のルーツを語って下さったのは、こちら「万両寿し」の三代目、今田信弘さんである。

「万両寿し」は長きに渡って紀伊長島の街の方々と、この地を訪れる旅人の食を支えてきたいにしえの名店である。こちらの「サンマ寿司」を目当てに遙々遠方から訪れるお客さんが後を絶たない。昨今ではSNSでも評判で、ボクはワクワクでこちらに愛車を走らせたのだった。

日本のサンマ漁は、実は紀州熊野が発祥の地であることは他の章でも記させていただいたが、その流れもあり、南紀では正月など親族が集まるハレの日のご馳走として「サンマ寿司」は欠かせないものである。

古くより食されていた歴史ある「サンマ寿司」だけに、地域によって細かな違いがあり、背開きと腹開き、尾頭のあるなし、辛子や柑橘系などを薬味に使ったりと、時を経た伝承は数多の差異を見せるが、こちら「万両寿し」のそれは、腹開きにされ、まるで深海のような濃紺の瀬の部分を中央に、整然と揃えられてキラキラと輝く極めて婉美なる仕上がりである。

早速その「サンマ寿司」と、メニューより、「焼きサンマ寿司」、「渡利（わたり）カキの握り寿し」も注文。今田さんは、ちょっと待っとってくださいと、調理場へ。

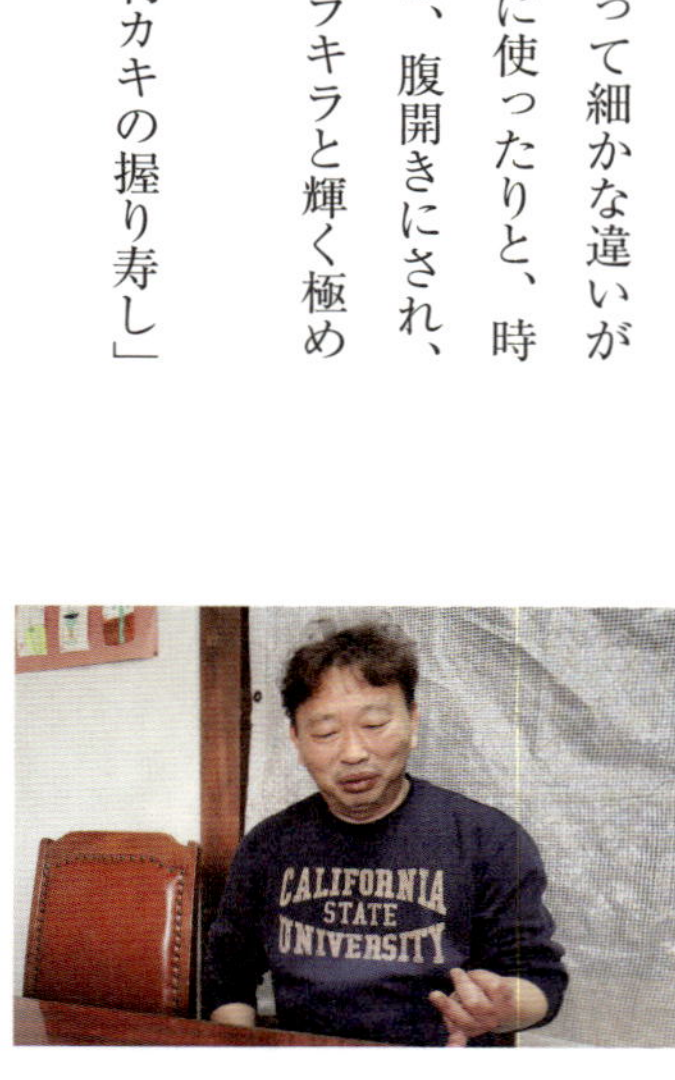

「万両寿し」の三代目、今田信弘さん。とても丁寧かつ優しい方で「サンマ寿し」とお店の四方山話を聞かせて下さった次第。

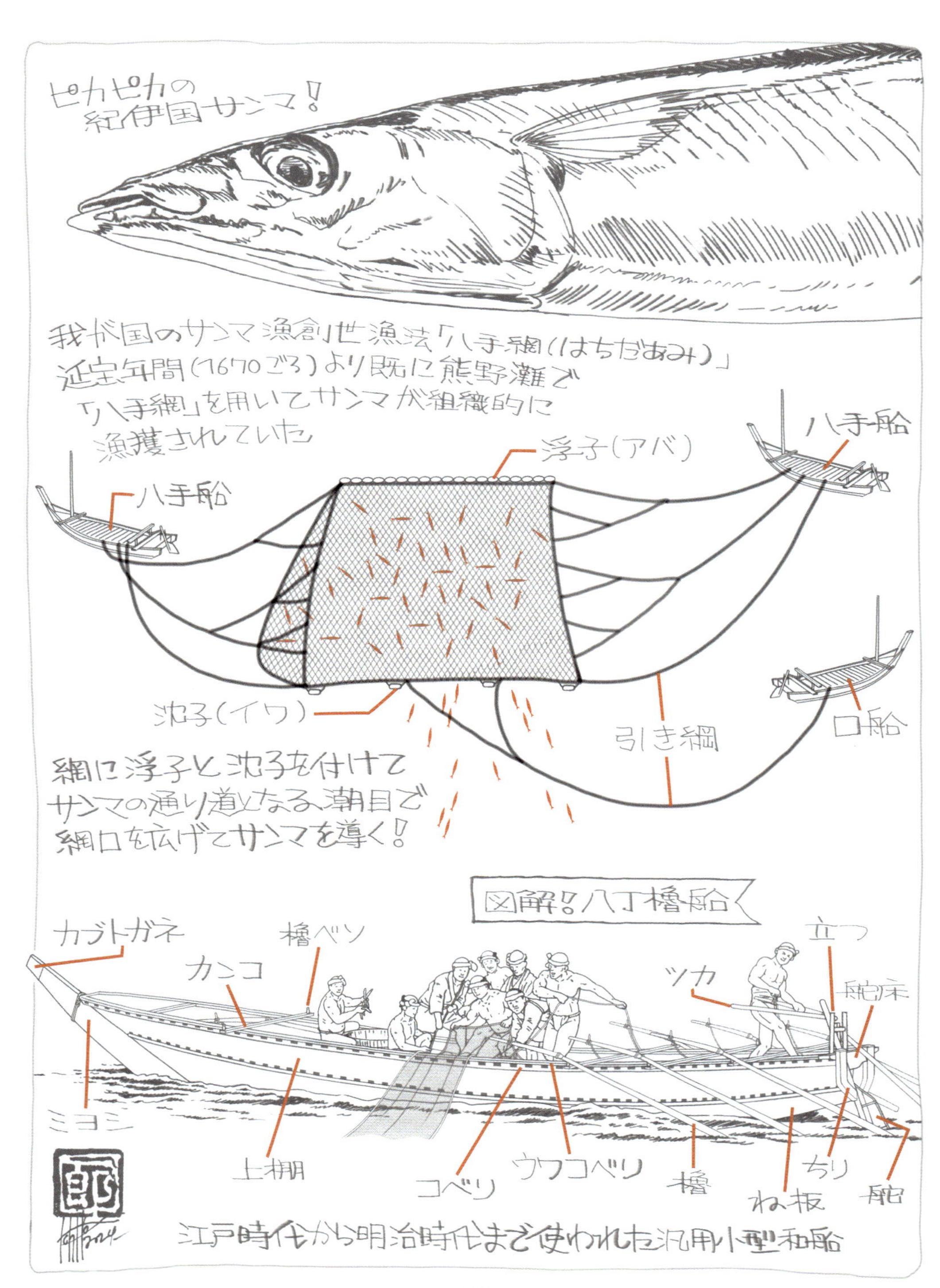
ピカピカの
紀伊国サンマ！
我が国のサンマ漁創世漁法「八手網（はちだあみ）」
延宝年間（1670ごろ）より既に熊野灘で
「八手網」を用いてサンマが組織的に
漁獲されていた
浮子（アバ）
八手船
八手船
沈子（イワ）
引き網
口船
網に浮子と沈子を付けて
サンマの通り道となる潮目で
網口を広げてサンマを導く！
図解！八丁櫓船
カブトガネ
櫓ベソ
カンコ
立つ
ツカ
舵床
ミヨシ
上棚
コベリ
ウワコベリ
櫓
ね板
ちり
舵
江戸時代から明治時代まで使われた汎用小型和船

ちなみに「万両寿し」は現在（２０２４年取材時）テイクアウト専門店となっており、ボクらはこちらで買い求めた「サンマ寿司」を、近くの長島港にて、波の音を聞きながら頂くこととした。

「今日は少し風強いんで気を付けて、そんで風邪引かんようにしてください」帰り際の、今田さんのお心遣いにウルウルとしてしまったボク。長島港に至ると、既に逢魔時（おうまがとき）だったが、水平線に沈んでいく太陽がドラマチックだ。

先ずは「サンマ寿司」を頂く。箸で口に運び、ムシャリ！　あんまい！　サンマの風味と奥深い甘味とほどよき塩身、そして酢飯のこよなきハーモニー！　酢飯の酢は、昔ながらの遠慮無き利き具合なのだが、これがまたサンマの旨みを引き立て、見事にまろやかに調和させている。

それに香ばしさと優しさを加味したのが「焼きサンマ寿司」で、実に柔らかに仕上げられ、止まらない旨さだ。いやはや、これは中毒性があるやも……。

「渡利カキの握り寿し」は、素晴らしく濃厚で、カキの風味がギュウギュウに詰まっているのだが、全く磯臭くない。注文時に今田さんに「渡利カキ」ってなんですかと訪ねたら「この辺の白石湖ちゅう湖で獲れた牡蠣のこと、そう総称してます。汽水湖で養殖されとって、磯臭さがのうて、さっぱりしとります」と御指南頂いたのだが、うんうん、実にその通りで。こくまろやかなお見事な仕上がり！

日の入りを通り越し、既に漆黒となった長島港だが、ボクらは犬のようにガツガツと、このこよなきご馳走を奪い合うのだった……。

長島港より太平洋を望んだクライマックス。沈み行く太陽を眺めながら、ご馳走を頂いた。

劇的で秀抜な味覚の「焼きサンマ寿司」650円。

海風に吹かれながら「焼きサンマ寿司」をいただく。

「サンマ寿司」550円。その人気は全国区！　これをいただくために、遥か遠方から旅する方が多いのだ。

＊主な食材はサンマ。詳細は21ページを参照。

太平洋
和歌山県
勝浦町

勝浦港（かつうらこう）

生鮮マグロの水揚げ日本一
マグロ漁業基地直近でいただく
超絶のマグロ丼！

お食事処　大和（やまと）

勝浦港は、日本有数のマグロ漁業基地である。マグロの陸揚量は静岡県の焼津漁港、神奈川県の三崎漁港に次いで全国第3位となる。特筆すべきは、延縄漁法（はえなわりょう）による生鮮マグロの水揚げが日本一で、そのために港湾付近には、生鮮マグロ専用の加工場が多く、勝浦産マグロは引き手数多で高値で取引されているのだ。

ちなみに生鮮マグロとは、一度も冷凍されていない生マグロを指していう。漁場と加工場、それぞれの立地が好ましく成立しなければ、数多くの生鮮マグロを水揚げすることは成し得ない。かような趣旨からも、勝浦漁港は実に希有な存在なのである。

そんな勝浦漁港の繋がりを活かし、絶佳なる生マグロを提供してくれるのが勝浦漁港及び勝浦地方卸売市場間近の「御食事処　大和」である。

まぐろお造り定食に、まぐろカツフライ定食、まぐろバター炒め定食、まぐろにぎりセット、絶品マグロ丼、紅白丼、マグロユッケ丼、山かけ丼、びんちょうまぐろ丼。いやはや、こんなにもまぐろのバリエーションがあったとはつゆ知らず！

【勝浦港】 各主要路線より、国道 42 号を介し勝浦港へ。JR 紀伊勝浦駅より 400m。
【お食事処 大和】 和歌山県東牟婁郡那智勝浦町築地8丁目6- 6
営業時間／ 11:00 ～ 15:30
定休日／毎週木曜 、第 1 第 3 水曜（祝日は振替営業）
＊営業時間・定休日は変更となる場合あり、来店前に店舗へ要確認。
TEL ／ 0735-52-5738

著者との比較「大和 DX 丼」の大きさと盛りに注目。

JR 紀伊勝浦駅より徒歩約 5 分。「お食事処 大和」

小上がりの和室とカウンターが用意されている「お食事処 大和」の店内。お一人様でも気軽に食事を楽しめるのだ。

まるでマグロの大輪
マグロの小宇宙といざ対峙！

ボクらは数多のマグロメニューより、一番人気と書かれた「大和丼」と、それにデラックスの称号を冠した「大和ＤＸ丼」を注文。果たせるかな、運ばれてきたそれは、想像を絶するマグロの超絶活火山！　マグロの部位がひしめく小宇宙であった！

「大和丼」には大トロ、中トロ、赤身、中落ちが乗せられ、中央にウズラの卵が落とされて、まるでマグロの大輪である。

さらに凄いのが「大和ＤＸ丼」で、「大和丼」のスペックに、ビンチョウマグロが加味されているのだが、その全体量が横綱級で驚異的！

「いざ、勝負！」正しく勝負なのである。気合いを入れて中トロを箸に先ずは一口。その刹那、口いっぱいに広がる脂の甘みと微少なる酸味、こちらの丼ネタは、だし醤油で軽く漬けにしているのだが、そのタレがまた絶妙な加減で実に妙味だ。

「うちは天然マグロの生一本買いでやってます。冬はメバチで春がキハダ。夏にまたメバチ。それと本マグロは常に買えたときに提供してます。今日はメバチがメインです」と、お話しいただいたのは、こちらを切り盛りする筒井規剛さん。生鮮マグロ水揚げ日本一の勝浦漁港が直近故、良質の生マグロを目利きしているという。

筒井さんのお話に昂ぶり、あっぱれな生マグロがまるでお腹の中で泳いでいるようで、ボクらは尚もって、このうえない幸福感に包まれるのだった……。

しみ出る脂と艶やかな色味がたまらない「大和 DX 丼」の、お見事な中トロの断面。

生マグロの世界を存分に堪能。「大和 DX 丼」2750 円。

色々なマグロの味が楽しめる「大和丼」2200 円。

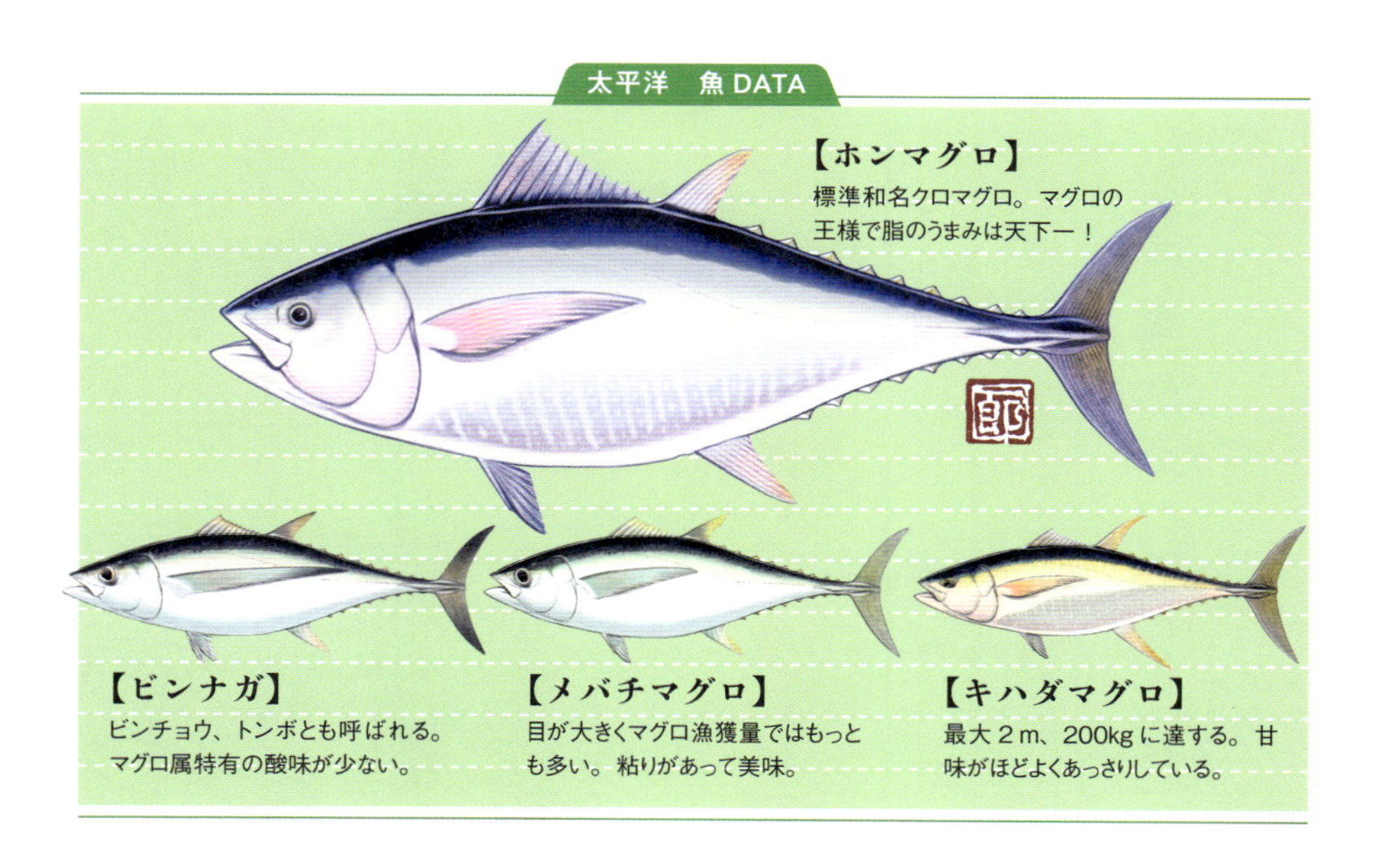

太平洋
和歌山県
串本町

橋杭港（はしぐいこう）

美と怪態が織りなす情景 絶対景勝地の干物工場直営食堂

おざきの干物株式会社

眉目よき景観の国道42号をゆるゆると南へ。本州最南端の地、潮岬が差し迫る串本町に至ると、太平洋を背景に摩訶不思議な奇岩群が忽然と現れる。

大小40余りの岩柱が、約850mに渡って海上に聳え立つそれは、国の名勝および天然記念物指定を受けている橋杭岩である。

美と怪態が織りなすその情景は、明らかに異界のそれで、何もせずただその景色を見つめているだけで心魂がゆらゆらとし、ハートが至極満たされるのである。

弘法大師と天の邪鬼が、串本から沖合の島まで、橋をかけることができるか否かの賭をして、その時に残った橋の杭がこの橋杭岩だとする古事が伝承されているそうだが、この眺めを目の前にすると、神話や伝説の世界そのもので、さもありなん。

かくの如き完全無欠の絶対的な景勝地の傍らに「おざきのひもの」という看板を掲げた、堅固なる大屋根の屋舎があり、定食と書かれた幟が海風にはためいていた。

ボクらは迷わずそこへ転がり込み、先ずはメニューをガン見する。

【橋杭港】各主要路線より、国道 42 号を介し橋杭港へ。JR 紀伊姫駅から徒歩 20 分。約 1.5 ㎞。
【おざきの干物株式会社】和歌山県東牟婁郡串本町鬮野川1595-7
営業時間／ 8:00 ～ 18:30　イートイン 11:00 ～ 15:00
定休日／無休
TEL ／ 0735-62-0337

天然記念物の指定を受けている景勝地、橋杭岩。

干物溢れる「おざきの干物株式会社」の販売スペース。

外は絶景。テーブル席とカウンター席のイートスペース。

美味しさの如意宝珠（にょいほうじゅ）トロあじとみりんさばに狂喜する

こちらは干物工場が経営する干物販売店の中に、イートスペースが設けられた食堂で、窓の外には橋杭から連なる橋杭港の眺望が広がり、ロケーションは申し分ない。工場直営ということで、壁の張り出しから定番と思われる「トロあじ開定食」と「さばみりん定食（片身）」を注文。案の定、これが大当たりであった！

先ずは熱々の「トロあじ開定食」のアジから。背開きにされ頭を残したそれは、至極格好がよろしい。ガッ！　と箸にとってムシャリ！　とやったら皮がパリッ！　として、甘い脂がじんわり。でもって、身の厚みがありプリッ！　と膨れ上がっているので、その御膳上等なる旨みを口いっぱいに頬張ることができるのだ。

煎餅みたいに薄く、ケチ臭いアジの開きも実は嫌いではないのだが、いやはやこれは明らかに別格！　正しくキングオブ干物！　美味しさの如意宝珠（龍の玉）である。

一方の「さばみりん定食（片身）」の、さばのみりん干しも流石、干物工場直営の味！　歯触り柔らかく、脂がジュワッとしたたり落ちるサバは、香ばしいゴマの香りと、甘くまろやかなみりんの味わいが絶妙に調和されて、生さばでは味わえない旨みの凝縮の世界を醸し出している……。

嗚呼、ここはおとぎの国か！　超絶眺望と、超絶定食のどちらも堪能出来る夢の世界で、ボクらはムシャリ！　パリッ！　プリッ！　と美味なる快音を奏でるのだった。

橋杭岩より直ぐの「おざきの干物株式会社」。大きな屋根と黄色い看板が目印。

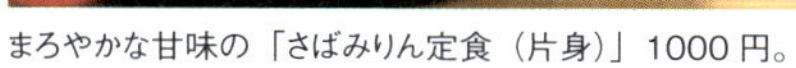
まろやかな甘味の「さばみりん定食（片身）」1000 円。

アジの旨さが凝縮された「トロあじ開定食」1000 円。

太平洋　魚 DATA

【マアジ】

スズキ目、アジ科、マアジ属。捕獲海域、形状色味などによりシロアジ、クロアジ、キアジ、アオアジなどの呼称があるが、食材として提供されるものは、ほぼマアジとして総称される。春から秋が旬だが産地によって差異がある。

太平洋
和歌山県
串本町

江田漁港（えだぎょこう）

八瀬寿司（はせずし）

**入江の寿司店の火点し頃（ともしごろ）にて
メジマグロの旨さを極める
てこね寿司と握りに感涙！**

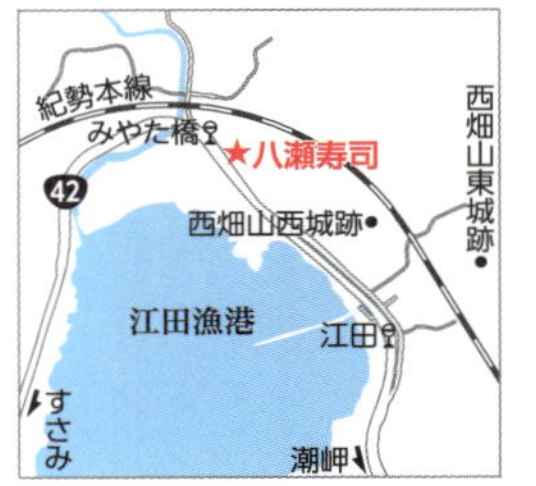

黄昏の国道42号を急ぐボクと愛車T４ウェスティ……。

水平線はオレンジ色に染まりかけてきたが未だ行ける。走れるところまで走り、疲れてしまったらロフトベッドを展開してゴロリというのがボクのスタイルである。いつでもどこでも根城となる所がいたく気に入ってしまい、この小さなキャンピングカーを年式違いで２台乗り継いだ。うんまいお魚を求めて、北海道礼文島から長崎県は佐世保市まで、日本の端から端までのんのんずいずいと旅を続け、その走行距離は累計52万㎞に達してしまった次第。

はてさて、今日はどこまで、と寝床を思案しながらゆるゆると行くと、道は急なカーブを描き、それに沿って眉目麗しき入江が窓に描かれる。その曲がり目で減速すると、横たわる銘木に「八瀬寿司」と書かれ、紫の暖簾が海風になびく堂舎に行き着く。

「らっしゃい！」と鯔背（いなせ）に迎え入れて下さったのは、この店を切り盛りする鈴木宏誌大将。店内には豪壮たるカウンターが建て付けられ、品書き板は未だ木肌も新しい。

【江田漁港】各主要路線より、国道 42 号を介し江田漁港へ。JR 紀伊本線田並駅から 2.3 ㎞。

【八瀬寿司】和歌山県東牟婁郡串本町江田468-1

営業時間／［月］11:00 ～ 14:00 （ランチのみ）［水～日］11:00 ～ 14:00　17:00 ～ 20:00

定休日／火曜

TEL ／ 0735-66-1218

上からメバチの大トロ、中トロ、巨大な赤身。時価。

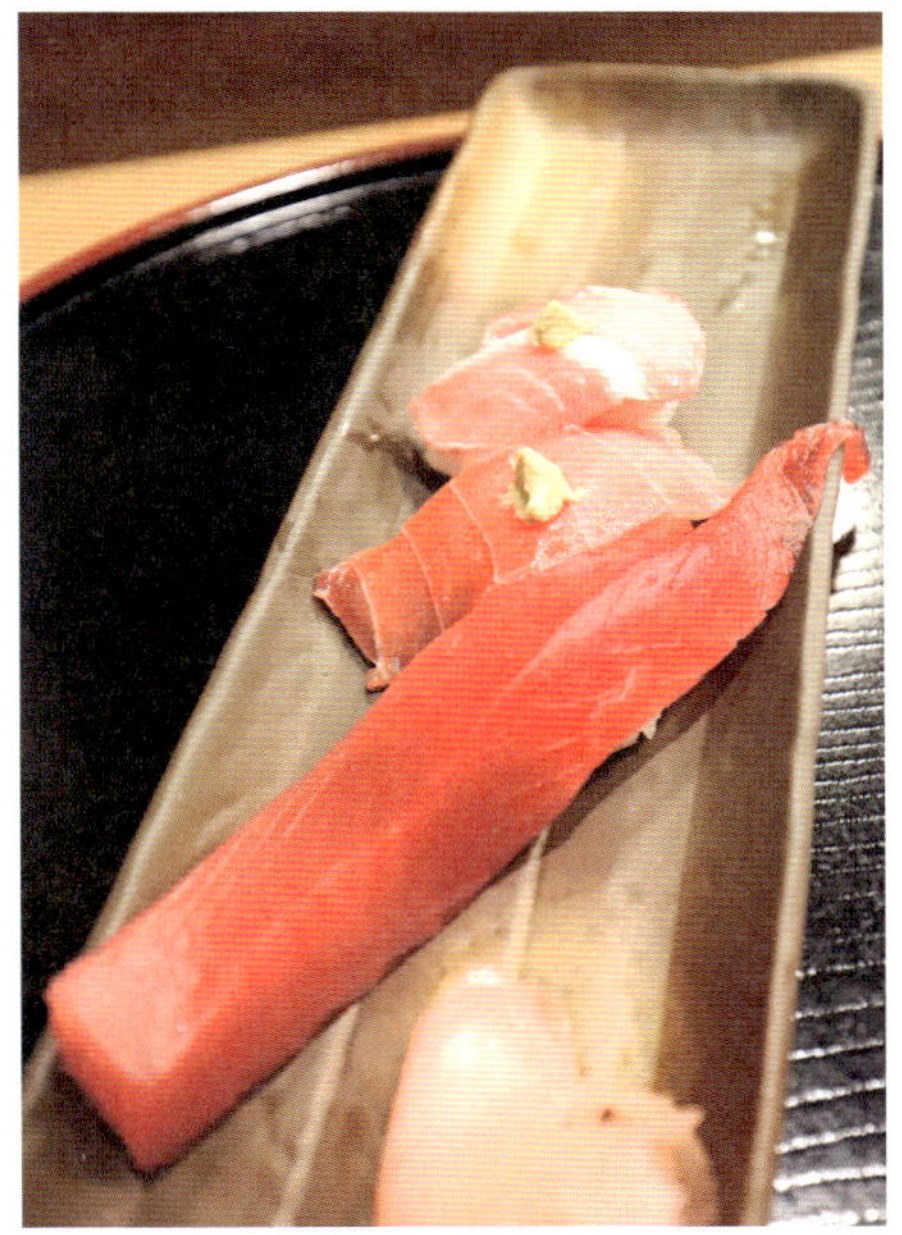

絶佳。オレンジ色に染まる、逢魔時の江田漁港。

秀抜なる造りの「八瀬寿司」。構えは至極豪奢であるが、お品書きはにお値頃の品アリ！　ご家族連れにもお勧め。

三重県を代表する郷土料理
甘く濃厚なてこね寿司

立派な構えに財布の中身が少々心配になったが、ぱらりとメニューを拝見してちょっとビックリ！　とても良心的な価格設定なのだ……。そうなると現金なもので、あれもこれもと食べたくなり、ゴージャスに地魚握りを許される限り握っていただこうかと思ったその須臾（しゅゆ）、見つけてしまったのだ「てこね寿司」を……。

「てこね寿司」は「てごね寿司」ともいい、伊勢志摩地域が発祥とされる三重県を代表する郷土料理である。漁師が海で獲れた魚を板子の上で捌く際に、手で混ぜ合わせたことから「てこね」と呼ばれるようになったそうで、漁の合間の賄い飯としては、実に理にかなっているレシピである。

「伊勢の賄いで、本来はカツオで、それにご飯、生姜、シソなんかを混ぜたんですけど、うちはマグロでやってまして、今時期はメバチなんですけど、これがもう、ほんまに旨いんです」鈴木大将が、目を輝かせて「てこね寿司」の由来を指南して下さった。話しに花を咲かせつつ、待つこといささか。

運ばれてきた「てこね寿司」は黒と朱に彩られた漆器に盛られて、飴色の酢飯の狭間から艶やかなメバチマグロの赤身が顔を覗かせて、至極艶美である。

既に味が付けられているので、箸を入れてドッカリと挟み、豪快に口に頬張る。旨い！　メジの粘りと甘味、酢飯のもっちりとした食感と酸味が絶妙！

大将の鈴木宏誌さん。語り口が柔らかく、とても気さくで、紀州のお魚に精通したナイスガイ。

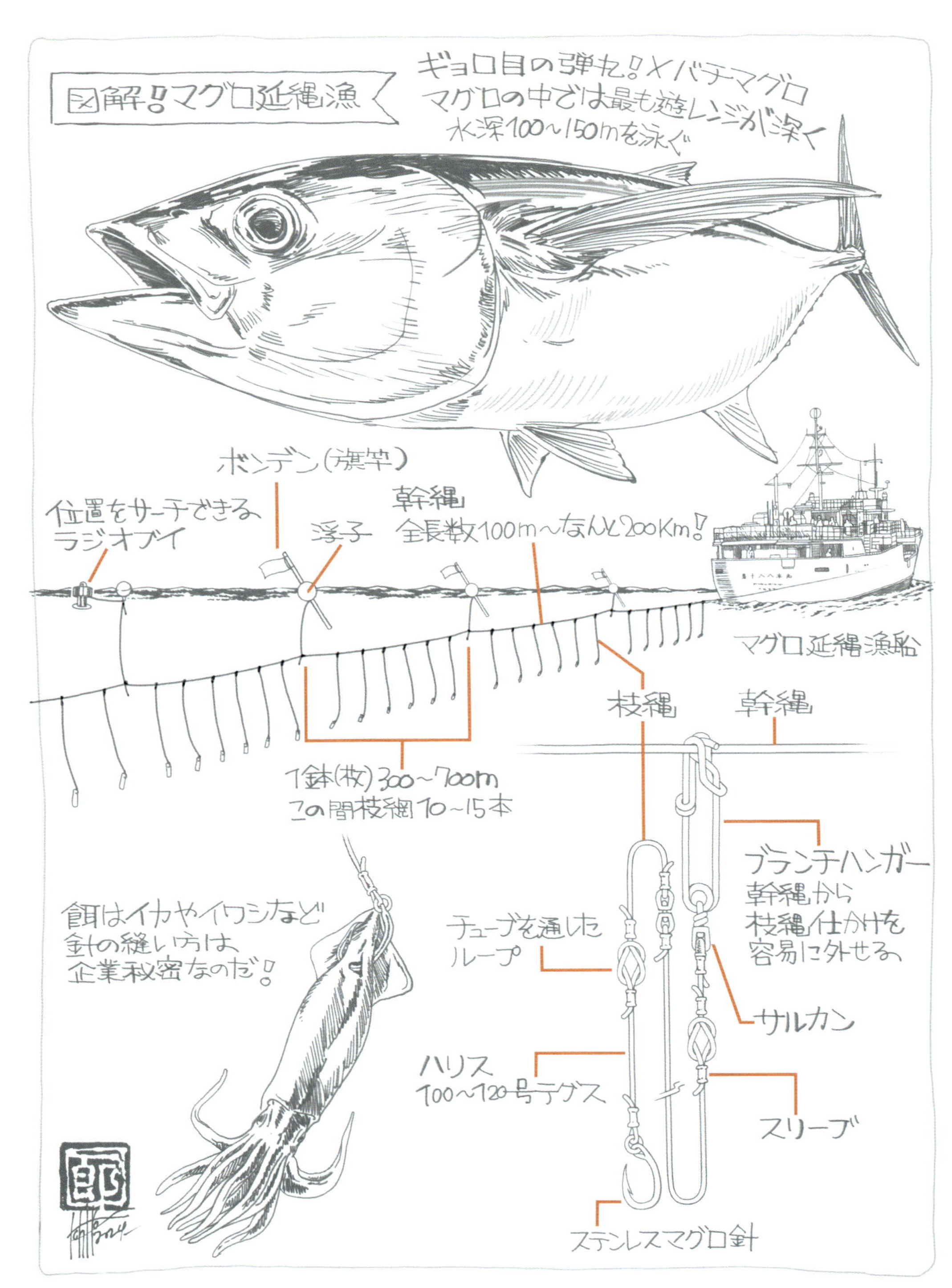

図解!マグロ延縄漁
ギョロ目の弾丸!メバチマグロ
マグロの中では最も遊泳レンジが深く
水深100~150mを泳ぐ
ボンデン(旗竿)
位置をサーチできる
ラジオブイ
浮子
幹縄
全長数100m~なんと200Km!
マグロ延縄漁船
枝縄
幹縄
1鉢(枚)300~700m
この間枝縄10~15本
ブランチハンガー
幹縄から
枝縄/仕かけを
容易に外せる
餌はイカやイワシなど
針の縫い方は
企業秘密なのだ!
チューブを通した
ループ
サルカン
ハリス
100~120号テグス
スリーブ
ステンレスマグロ針

甘めで濃厚なその味は、なお一層の深みとまろやかさとなって舌を魅して、胃袋へと落ちていく。止まることなく、いくらでも食べられる。祝いの席の、おもてなし料理としても食されているという理由がよく分かった。こんなにも旨いものを食べれば、宴の衆はハッピーで、そのコミュニティは皆仲よしになれたに違いない。

「てこね寿司」でハートに灯が付いてしまったボクは勢い昂ぶり、鈴木大将に、大トロ、中トロ、赤身のマグロ握りをお願いした次第。「あいよ」と握ってくれたそれを見てビックリ！　どれもネタが大きいのだ。更に赤身は皿からはみ出してしまうほどの大きさで、これには度肝を抜かれた！

早速それを頬張る。大トロは口にしたその刹那、溶け溶けで脂の旨み、甘味がジュワッ！　と口に広がり、嗚呼天国……。魚肉、獣肉、全てのお肉の中で、これ以上の存在があるのだろうか？

続く中トロは大トロよりも食感があって。脂と身の舌触りの調合が神がかりで、とにかく奥深い。バランス的には今日イチやもしれぬ、底抜けの旨みである。

そしてその超絶巨大な赤身に手を出す。これは箸では正しく手に負えないので、素手で美味しく頂く事とする。カプッ！とやったその須臾、メバチマグロのねっとりとして甘い身が、口の中で泳ぎ回る。赤身って、こんなにも旨かったのだと、改めてメジマグロの偉大さを知ることになったボク……。

こんなにもうんまいお魚がお値頃なところが、いやはや超絶。ボクは愛車にて一夜を過ごし、明日またここで飯を喰らわせて頂こうと、思いを募らせたのだった。

銘木に名が刻まれた「八瀬寿司」正面の構え。お店前面と左側に駐車場あって利便性よしである。

漁師の賄い飯にして、三重県を代表する郷土料理の一品「てこね寿司」は赤だしの味噌汁付きで 1050 円。

太平洋　魚 DATA

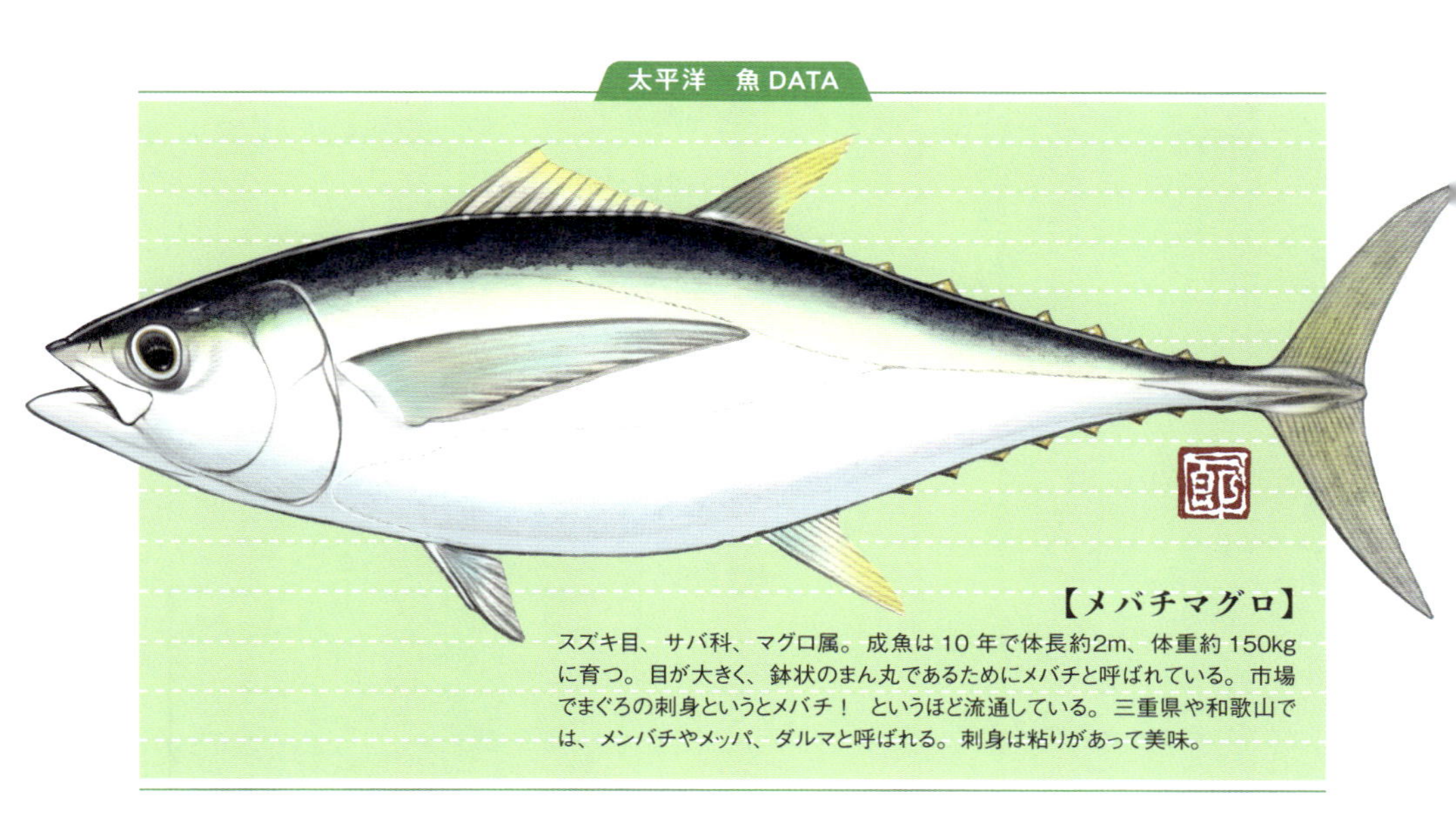

【メバチマグロ】

スズキ目、サバ科、マグロ属。成魚は 10 年で体長約2m、体重約 150kg に育つ。目が大きく、鉢状のまん丸であるためにメバチと呼ばれている。市場でまぐろの刺身というとメバチ！ というほど流通している。三重県や和歌山では、メンバチやメッパ、ダルマと呼ばれる。刺身は粘りがあって美味。

太平洋
和歌山県
白浜町

綱不知漁港（つなしらずぎょこう）

秘密基地感覚満載
酔狂の翁が営むレトロな食堂
ドカ盛りの造り定食に陶然！

さんばし食堂

入江や小島を従えた、南紀白浜町のリアス式海岸をゆるゆるとクルーズして桟橋という名のT字路に至る。鏡張りの湖のような綱不知漁港（つなしらずぎょこう）を右手に見ると、綱不知桟橋と書かれた鮮やかなブルーのアーチ・ゲートがあり、その先は湾に突き出るように浮き桟橋となっていた。

ランドマークとしては至極解りやすい。正しく、この綱不知桟橋と桟橋という名のT字路に面して暖簾（のれん）を出しているのが、今回の目的地「さんばし食堂」なのである。

「さんばし食堂」を訪れると、まず「食どう」とシンプルに書かれたその風情溢れる看板に目を奪われる。看板のエッジを境にした別面には「お客様が釣った魚大小とわず料理いたします」とあり、引き戸はメニューの張り出しでいっぱいだ。ワクワクしながら店内へ。するとレトロな店内のカウンターに一輪の桃がビール瓶に活けてあり、それに目を奪われていると「桃はながもちするのよ。ビール瓶に刺しとるから、絵になるんやなぁ」と、この店を切り盛りする平山鐘吉さん……。

【綱不知漁港】紀勢自動車道上富田IC下車。国道42号から県道33号を介し、県道31号にて綱不知漁港へ。JR紀伊本線白浜駅から約4.1㎞。

【さんばし食堂】和歌山県西牟婁郡白浜町1197-3
営業時間／不定
定休日／不定休
TEL／0739-43-1331

「さんばし食堂」正面の眺め。看板と張り出しが粋。

食堂目の前、桟橋T字路に面した綱不知桟橋。

昭和レトロのアイテムに溢れる「さんばし食堂」の店内。懐かしのピンク電話も置いてあるのだ。

マグロにマダイ、エビ、イカ、マダコ 皿から飛び出す数多の鮮魚

ビールの一輪挿しの美学を語るあたり、実は温厚そうに見えて辣腕（らつわん）なのではと、勝手に昂ぶりつつ、店内を眺めると、数多の魚拓に招き猫、帆船の模型にタヌキの瀬戸もの、そしてとどめはピンク電話と、昭和の食堂やカフェに不可欠なアイテムがズラリで、ボクは心より落ち着くのだった。

壁の張り出しより「造り定食」をお願いして待つこと少し。運ばれてきたそれはマグロにマダイ、帆立にエビにイカ、マダコにサーモンなどが皿からはみ出たドカ盛りの刺身定食であった。たまらず、一番手前に空きだした白き無垢なイカを醤油皿につけ、カプッ！　と頬張る。トロリとして深い甘さが広がり、嗚呼悦楽！　平山さんに「凄い盛りですね、これ、コウイカですかね？」と訪ねると「うちはそれでやっとるんです。イカはモンゴウやね」と指南していただいた。

モンゴウは大型のコウイカで、その身は非常に分厚く、甘深くトロリとした食感が最高。モンゴウに続き、マグロやマダイなど次々と頬張ってご飯をかき込む。別のお皿には甘辛く煮込んだマイワシもあり、嬉しい限りであっという間に完食！

食後にいろいろな四方山話を聞かせてくれた平山さん「これからは、『ひとはめ』っちゅう海草が旨いのよ、もっとしたらアオリイカの干物ね」とのことで、またこちらを伺うことを心に誓い、「さんばし食堂」と綱不知桟橋をあとにしたボクだった……。

ドリンクのメニュー。こういったセンスが鯔背（いなせ）で面白く、さらにお値頃で嬉しい。

分厚い切り身がドカ盛り「造り定食」1300円。

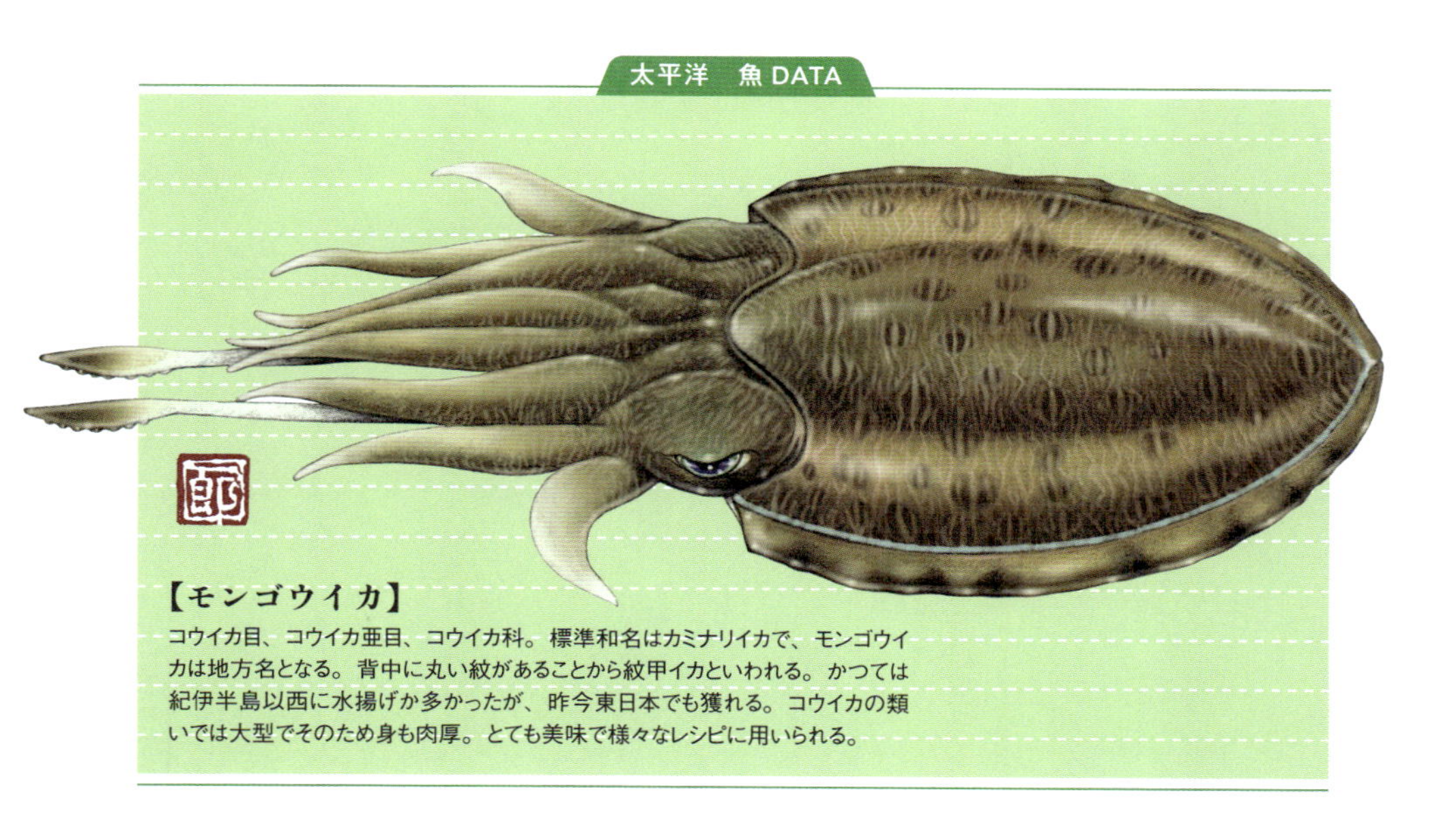

太平洋　魚 DATA

【モンゴウイカ】

コウイカ目、コウイカ亜目、コウイカ科。標準和名はカミナリイカで、モンゴウイカは地方名となる。背中に丸い紋があることから紋甲イカといわれる。かつては紀伊半島以西に水揚げか多かったが、昨今東日本でも獲れる。コウイカの類いでは大型でそのため身も肉厚。とても美味で様々なレシピに用いられる。

んはま
umisen
yamasen
umisen
yamasen
西新町
ぴんと館

日本海
Redtail
活若狭真鯛

日本海

縁海、どん深、寒暖流深海渓谷に固有水
うんまいお魚をすくすく育む日本海

西太平洋の縁海となる「日本海」は日本列島、朝鮮半島、沿海州などに囲まれ、定義的には部分的に閉じた海という認識となるが、いやはやどうして、日本海に向かい、海風に吹かれて遠くを見渡す限り、閉じた海という感覚を覚えることは微塵もない。

しかしながら学術的にはこの縁海という構造が要らしく、狭い海に暖流の対馬海流と寒流のリマン海流が流れ込み、さらに岸から15㎞ほど沖に進むとズドン！　とイッキに水深が深くなる海底形状と相まって、太平洋と比べると浅い水深から深海に住む魚類が脈絡なく混生しており、特有の生態系を構築しているのだという。

その水深平均は1752ｍにもなり、深層には太平洋とは全く性質を異にする、寒冷で溶存酸素に富んだ日本海固有水と呼ばれる海水が広く分布している。

難しいことはさておき、つまり、狭いところに極端な斜度の深海があり、それらに前記の海流や、数多の地形が絡んで、「日本海」生態系は頓に豊かになるのである。

高額で取引されるズワイガニなどの類いや、過去から祭事にも用いられ、日本海から遠くまで運ばれたブリは日本海の産物として特に著名だが、マダイ、マイワシ、サバ、カレイ、ニシン、サケ、マス、タラもそれは見事で浜（市場）を賑わせる。

また、リュウグウノツカイやアカナマダ、ダイオウイカなどの貴重な深海性の大型

魚介類が確認されることで、世界中からも注目されている。

どん深で溶存酸素量が多く、海流の影響を受けるという「日本海」の条件は、そこに棲まうお魚にも至極影響があるらしく、「天然のいけす」とよばれる富山湾のそれなどはよく聞かれる話で、例えば関西方面では、ブリの若魚である35㎝以下となるツバスは、脂の乗りが悪く不味い……、という話を時折耳にするが、富山へ行くとそのツバス程度のフクラギ（こちらも同種でブリの若魚の地方名）が脂の乗りもよく大変美味しいと、食卓を賑わすのである。

かくいうボクも、関東でいうところのワカシ（ややこしいがこちらも同種でブリの若魚の地方名）サイズとなるそのフクラギを初めて頂いた時「どうせ脂が乗っていなくてパサパサでしょ」と舐めて掛かっていたのだが、いやはやこれが最高のお味で、マグロの大トロの様に、脂が乗りきった成魚のブリよりもむしろ後味よろしく、消化能力の低下したオッサンには、より美味しく感じられたほどで、幾ら食べても飽きなかった記憶が新しい。

勿論、太平洋にも瀬戸内海にも唯一無二の旨さと旬があるのだが、ところ変わればなんとかで「日本海」のスペックには、往々にしてはたとさせられるのだ……。

かくの如き日本海を30余年に渡ってテント泊、車中泊にて巡り、東から西へ順に富山湾、若狭湾、美浜湾、小浜湾、美保湾、その他諸々を行脚して鼻を効かせ、うんまいものをたらふくご馳走になってきたボク……。

日本海食い倒れの旅は、かくも美味しく愉快で、心嬉しい物語なのである。

日本海
京都府
舞鶴市

舞鶴港（まいづるこう）

大六丸（だいろくまる）

鮮魚店目利きの逸品！
舞鶴の大人気名店にて
お刺身と西京焼きに恍惚とする

魚、カニ、貝、イカ、そして人、人、人！　とにかく人気なのである。

「ほんまに堪忍ね。ご飯がなくなっちゃって……」と、残念なことに間一髪で間に合わなかったのが、前日夕刻。ボクらの考えが浅はかであった……。伺ったのがラストオーダー時間直前の滑り込み。ここお魚信奉者の大人気店「大六丸」は、日本全国からお客さんが訪れるだけに、せめてお昼くらいに伺うべきであった。

気を取り直して翌日。朝一番で愛車を走らせ、駐車場に滑り込む。朝一番にも関わらず、駐車場は直ぐに満車になって仕舞った次第。その名望おそるべし！

「大六丸」は店舗の半分が鮮魚店となっており、軒先では大型遠赤グリルにて、いわゆる浜焼きが焼かれ、香ばしい香りを棚引かせていた。

店内は既に人で賑わっており、ボクらは昂ぶりつつメニューと壁の張り出しを眺める。こちらのメニューはお刺身か焼き魚の定食、もしくは数種の丼。さらに焼きものの一品ものと至ってシンプルだが、それだけにお魚に対する自信が伺える。

【舞鶴港】各高速路線より国道27号、175号を経て舞鶴港へ。JR西舞鶴駅より1.6㎞。
【大六丸】京都府舞鶴市下福井2-16
営業時間／10:00～18:00
定休日／火曜（祝日を除く）
TEL／0773-76-8939

むき出しの梁と作業灯が、漁師の番小屋を彷彿とさせる店内。大漁旗やビン玉も飾られて、趣ありあり。食も進むのだ。

「マガキ（蒸しカキ）」販売価格 +50 円。

「大六丸」の今西大地店長。店舗半分は鮮魚店となる。

甘く深く歯ごたえよし……ブリの西京焼の甘美なる世界

メニューより「海鮮刺身定食（8種盛り）」と「西京焼定食（ブリ一切）」、そして張り出しより「マガキ（蒸しカキ）」を2つお願いする。

「海鮮刺身定食」はブリにスズキ、サーモンにアオリイカ、ミル貝にツブ貝、甘エビにイクラ。「西京焼定食」は寒ブリを西京味噌に漬けジュッ！　と焼き上げたものである。ちなみに「西京焼定食」は切り身を追加することもできたが、漢（おとこ）の一本勝負、これぞ漁港飯！　という潔い仕様で撮影したく、あえて簡素に徹したのだ。

と、いうわけで早速、かみさんとお箸がチャンバラにならぬよう、居合抜きの箸技で速攻！　狙いは勿論、熱々の「ブリの西京焼」である。

「西京焼」のその歴史は古く、保存方法の一つとして魚類にも味噌漬けが行われ、平安時代には既に高級品として貴族や僧侶に食されたようである。かくの如き歴史の重みを感じつつ、ガッ！　とがっつくとゆかしき香りが途端に広がり、甘くて深くて塩身もあり、身もしっかりで歯ごたえよく！　とよきことづくめの「ブリの西京焼」の世界が開花する。世の中にこの様に美味しいものが他にあろうか……。

うっとりとしてるとその隙に、かみさんにこれまた居合抜きでかっさらわれてしまった……。暁の合戦はしばらく続いたが、やっぱりブリを二切れにするべきだったと、ボクは大いに反省した次第である……。

国道175号沿いに建つ「大六丸」。青いテントの看板や、店先の干物でそれと解る。

「西京焼定食（ブリ一切）」980 円。切り身の追加もできる。

鮮魚店自慢の「海鮮刺身定食（8 種盛り）」1650 円。

＊主な食材はブリ。詳細は 79 ページを参照。

日本海
京都府
宮津市

宮津港（みやづこう）

海味鮮やま鮮（うみせんやません）

美しき京風長屋にて頂く 二度の優勝経験を誇る漬け丼と 甘く深いカワハギの煮付け

日本三景の一つ、天橋立を擁する京都府宮津市。その天橋立の東側が風光明媚な宮津湾である。リアス式海岸の湾奥にある天然の良港で、波穏やかであるために、江戸時代には宮津藩の要港として栄え、さらに西廻海運の寄港地として栄華を迎えた。

かような背景から宮津には古く「新浜遊郭」と呼ばれた花街があり「二度と行くまい丹後の宮津、縞の財布が空となる」と、地唄の丹後節に歌われるほど、栄華を極めたという。遊郭の名残は現在にも見受けられ、狭い通りに京風長屋の趣を残す木造の家屋がみっちりと建て並び、トラディショナルな格子（こうし）やうだつ、通り庇（とおりひさし）などの美しい造形を醸している。

かような京風の小路に、鯔背（いなせ）な英文の暖簾を出しているのが「海味鮮やま鮮」である。前記の置屋を再現した古きよき外観はもとより、引き戸を潜って店内に入ると、太い梁の天井と、天橋立の松の倒木を使った椅子やテーブルが訪れる者を温かく迎えてくれる。

【宮津港】京都縦貫自動車道宮津天橋立 IC 下車、府道 9 号より国道 178 号を介し宮津港へ。JR 宮津駅より 1 ㎞、徒歩 14 分。
【海味鮮やま鮮】京都府宮津市新浜1988
営業時間／ 7:00 ～ 15:00
定休日／水曜
TEL ／ 090-1228-3737

花街名残の小路に暖簾を出す、雅な「海味鮮やま鮮」。

「ぶりっこ丼」950円。トッピングは日替わりだ。

古きよき伝統を再現し、格別の風情を醸し出す「海味鮮やま鮮」の店内。松一枚板のテーブル天板も、実に眉目よい。

沼にドップリのマニアも唸る
強烈にご飯をいざなうカワハギ

メニューも実に多彩でお洒落である。聞くとこちらは、鮮魚の卸問屋直営の食事処ということで、その百花繚乱の素材にも納得。かような中からボクらは、宮津B級グルメ合戦にて、二度の優勝経験を誇る漬け丼と注釈が書かれた「ぶりっこ丼」と、本日の煮魚が楽しめる「煮魚定食」をお願いした。

「ぶりっこ丼」はブリの切り身とちりばめられたシラスが実に美しい。そして「煮魚定食」のお魚は、大好物のカワハギであった。カワハギはその名の通り、切り目を入れて皮を手で引くと、気持ちいいほどペロリと皮が剥がれる。お造りはキモ合えにすると凄まじく美味だが、煮付けがこれまたたまらないのだ。

先ずは一口と、頬の部分を箸で摘んで口へ運ぶ。旨い！　実はボク、若かりし頃にカワハギ釣りにとり憑かれ、秋から冬場の食卓には、週に3日カワハギがあったというくらい、カワハギ沼にどっぷりだったのだ。だからしてこの子の酸いも甘いも知り尽くしているのだが、いやはやこちらのそれは実に見事！　適度に締まったその身は深く甘く、強烈にご飯をいざなう。これさえあれば、丼飯三杯はいけてしまう。

「ぶりっこ丼」のブリもこれまたあっぱれで、プリッ！　とした歯ごたえは鮮度の証。脂の旨味と甘みがギュッと詰まって、これまた飯ウマ！

雅なる京風屋宇（おくう）にていただいた旬魚は、実に心を揺さぶる格別の旨さだった……。

みそ汁の具はなんとセコガニ（ズワイガニの小型の雌）。舌がとろける旨さだ。

お値頃にしてハイクオリティな「煮魚定食」1050円。

日本海　魚 DATA

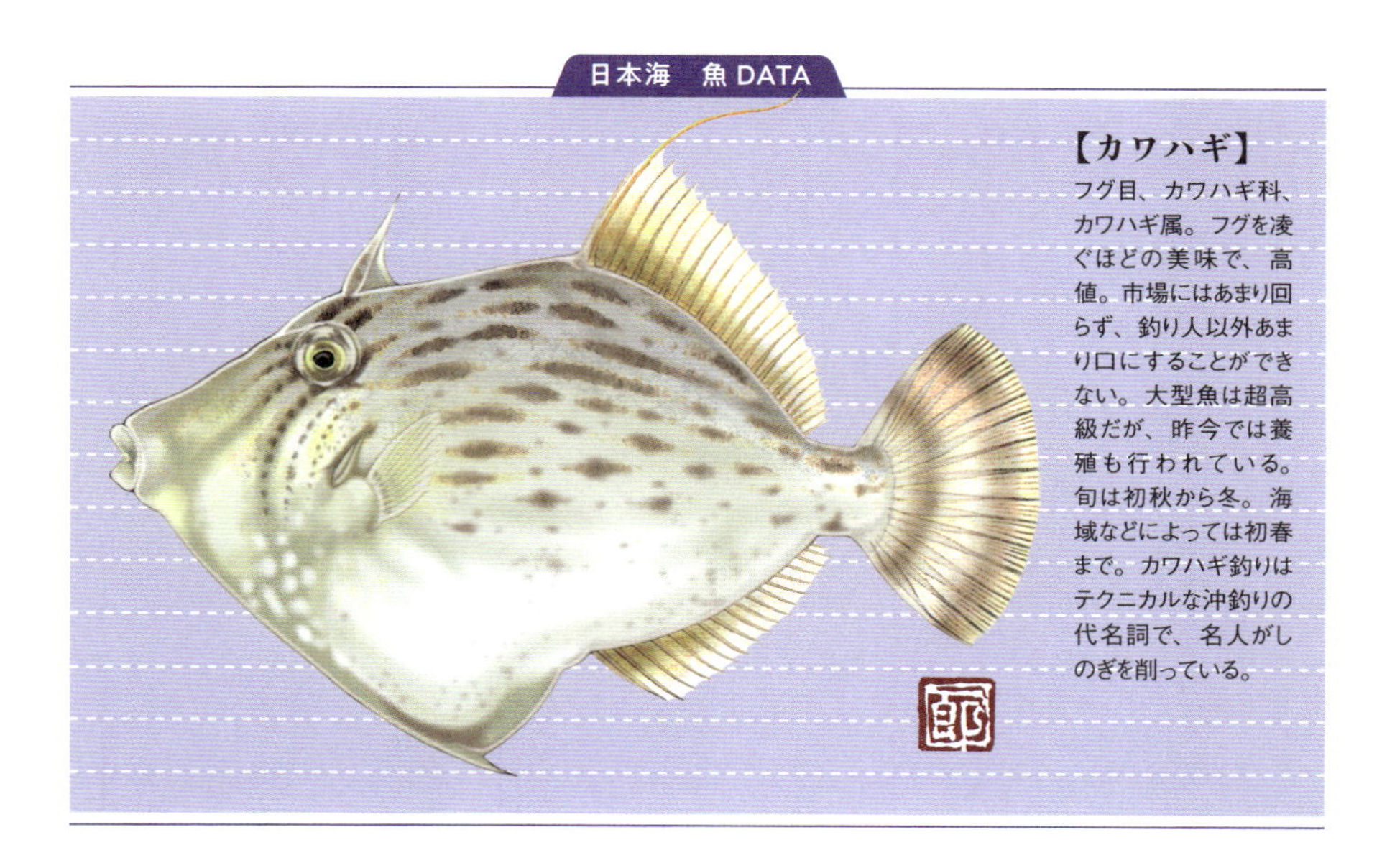

【カワハギ】

フグ目、カワハギ科、カワハギ属。フグを凌ぐほどの美味で、高値。市場にはあまり回らず、釣り人以外あまり口にすることができない。大型魚は超高級だが、昨今では養殖も行われている。旬は初秋から冬。海域などによっては初春まで。カワハギ釣りはテクニカルな沖釣りの代名詞で、名人がしのぎを削っている。

日本海
福井県
小浜市

小浜漁港（おばまぎょこう）

鯖街道（さばかいどう）起点に建つ
創業２６０余年の老舗にて
究極の浜焼き鯖を味わう

朽木屋商店（くつきやしょうてん）

花見月、昼方（ひるつかた）。国道27号、県道14号と愛車を流し、小浜広峰の鯖街道起点へ至る。

遥か昔、ここより京の都へ、塩サバをはじめとする海産物が運ばれ、その路は「鯖街道（さばかいどう）」と呼ばれたのだ。

若狭と京を最短で結ぶ「針畑越え（はりはたごえ）」、びわ湖の西岸を通る「西近江路」など、丹後発となる「鯖街道」のルートはいくつかに別れているが、朽木ルートと呼ばれる、ここ「若狭街道」が、最も多くの物資が往来した〝THE鯖街道〟なのである。

ボクは２０１４年にある雑誌の取材で、京都よりこの「若狭街道」ルートを全制覇したことがある。関連する諸々の事項を取材しながらの旅は、全行程１４２８㎞にも及んだが、かつて歩荷（ぼっか、またはぼっか。荷物を背負って山越えをする人）さんが歩いたような旧道をできる限りつなぎ、苦労してこの地に至った際には、感無量だった。

その時代にはこの地に「いづみ町商店街」というアーケード商店街があって、古きよき店舗より煙を棚引かせていたのが、焼きサバの名店「朽木屋商店」だった。

【小浜漁港】舞鶴若狭自動車道小浜西 IC 下車。国道 27 号、県道 14 号と介し、海岸通りを小浜漁港へ。JR 小浜駅より 1.5 ㎞。
【朽木屋商店】福井県小浜市小浜広峰 39
営業時間／ 8:00 ～ 17:00　イートスペースは土日祝 10:30 ～ 14:30
定休日／ 1 月 1 日、2 日
TEL ／ 0770-52-0187

こく深い味わいの「鯖へしこ
茶漬け」1200 円 。

串を打った鯖に飾り包丁を入
れる。12 代目益田隆さん。

テーブル席と小上がりの明るく純麗なイートスペース。

一刀両断背開きにして焼き上げる祭事に欠かせないご馳走

ズラリと並び、よき香りを棚引かせる大きな「浜焼き鯖」、長きにわたり煙に燻され時を刻んだ柱や梁があまりにも絵になるので、飛び込み取材を敢行したボク。その時にとても親切に、お店や鯖の四方山話を聞かせて下さったのが「朽木屋商店」の13代目にあたる、益田友和さんだったのである。

ちなみに「朽木屋商店」は鯖街道起点のこの地にて、なんと260余年続く「浜焼き鯖」の元祖である。「浜焼き鯖」は、傷みやすい鯖を夏場に保存するために思案された調理方法で、古くより田植えが終わった五月休みや、京都の八坂神社で催される日本三大祭の一つ「祇園祭」では欠かせないひと品として食されてきた。

鯖を一刀両断、スパッ！　と背開きにして裏目から太く長い1本串を打ち、丸ごとじわりと素焼きにするのが小浜スタイルだ。

「鯖はの、水切りが大切なんです」とおっしゃり、鯖の背に刃を入れ、丁寧に串を打つのは、友和さんのお父さん、「朽木屋商店」12代目益田隆さんである。

「朽木屋商店」は「いづみ町商店街」が再開発となり、以前お邪魔した際にあった場所より僅かに移転、新店舗となり、変わらずに飴色の「浜焼き鯖」がズラリと並び、よき香りを棚引かせていた。2階には見目よいお食事処も新設。ボクらは嬉々として「浜焼き鯖定食」、「にんにく鯖定食」、「鯖へしこ茶漬け」を注文する。

「鯖街道」起点斜め前に建つ、創業260余年の「朽木屋商店」。白壁と一枚板の看板が目印。

日本海
鯖街道の主なルート
焼鯖に塩鯖 塩鰤を担いで
小浜から京都まで
峠を越えた歩荷さん
高浜
小浜
久坂
針畑越(根来坂)
若狭街道
今津
木津
琵琶湖
水運ルート
西の鯖街道
鞍馬街道
雲ケ畑街道
西近江路
周山街道
京都
大津
鰤籠と呼ばれた
収納籠
焼き鯖、塩鯖には
笹が挟まれて
防腐に一役買っていた
猛者になるとひとりで
80〜100キロを担いだ
鰤の尾が傷まぬよう
藁で編んだカバーが
付けられていた
ごん太で
丈夫な杖

運ばれてきた品々は、どれも美々しくも艶やかである。なかでも「浜焼き鯖定食」の「浜焼き鯖」の大きさには圧倒される。鯖は大きいほど脂がのって旨いのである。串を持ち、こんがりと焼き目が付いた熱々のそれに勢いかぶりつく。パリッ！ とした食感から瞬時にジュワッ！ と香ばしい香りを伴ったコク深い脂がにじみ出す。嗚呼、なんという幸せ！

続いて「にんにく鯖定食」に手を出す。にんにくに漬けてから焼かれた鯖は、「浜焼き鯖」に劣らない旨さで、にんにくの香りがガツンと効き、旨みの奥にパンチがあるもの。鯖の甘さもより引き立つこのお品を考案したのは、13代目の友和さん。「伝統的なものの他に、なにか新しいものを……、と始めてみたのがこれなんです」とのことで、いやはや、このお品は、素晴らしき新たなる伝統となること間違いなしである。

仕上げに頂いたのが「鯖へしこ茶漬け」。「へしこ」とは、サバをまるごと塩漬けにしたあと、さらにぬか漬けにし、一年以上の長期にわたって熟成させた若狭と丹後半島の伝統料理である。強い塩味とコク深さは、発酵食品特有の風味と相まって、和のアンチョビと表現されることが多々である。ちなみに、樽に漬け込むことを「へし込む」といっていたことが名前の由来らしい。茶漬けにすると出し汁と米の香りで「へしこ」はよりふくよかになり、そのコクと旨みは、なお一層深く口に広がるのだった。

この三品にて、ボクらは虚ろに笑みを浮かべた、恍惚の人となってしまった……。「鯖街道」を制覇したありし日の栄光と感動を思い出しつつ、お腹の中に更なる感動をへし込んで、後ろ髪を引かれる思いで創業260余年の老舗を後にした……。

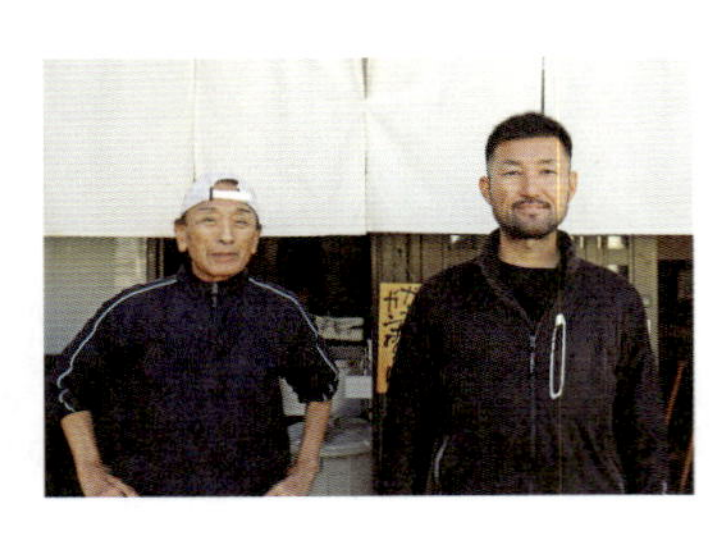
12代目益田隆さん（左）と、13代目にあたるご子息の益田友和さん（右）のツーショット。

超絶！ 究極の焼き鯖「浜焼き鯖定食」1980 円。

より旨み溢れる「にんにく鯖定食」1500 円 。

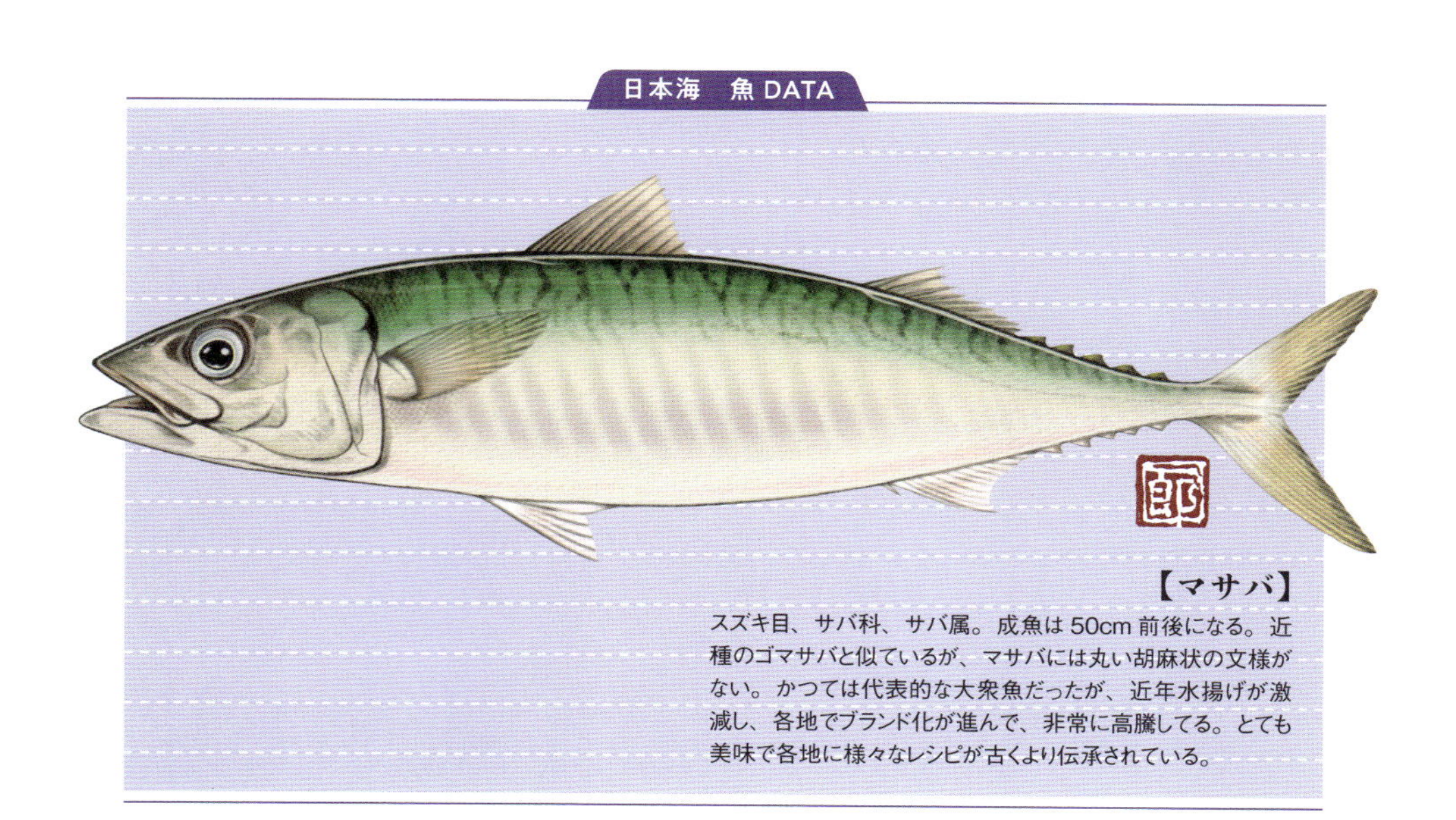

日本海　魚 DATA

【マサバ】

スズキ目、サバ科、サバ属。成魚は 50cm 前後になる。近種のゴマサバと似ているが、マサバには丸い胡麻状の文様がない。かつては代表的な大衆魚だったが、近年水揚げが激減し、各地でブランド化が進んで、非常に高騰してる。とても美味で各地に様々なレシピが古くより伝承されている。

日本海
福井県
高浜町

高浜漁港（たかはまぎょこう）

うみから食堂

魚が泳ぐフィッシュマーケットで熟成の快楽に溺れる天国のマハタの漬け丼

壮大なる眺望の大島半島を眺めながら、国道27号をスローに流し、和田の市街地を抜けると、これまた絶佳なる高浜漁港に至る。

その高浜漁港を一望する最高の立地に建つのが「うみから食堂」が入る「高浜町6次産業施設UMIKARA」である。

こちらは、高浜町の漁港再編プロジェクトとして建てられた、フィッシュマーケットやセレクトショップなどが入る施設で、瀟洒（しょうしゃ）なガラス張りの門口と三角屋根、そしてポール看板に描かれた、濃地に白文字のお魚のロゴマークで、すぐそれと分かる。

店舗内のフィッシュマーケットにはなんとイケスが常備されて、浜（市場）に上がったばかりの、旬のおサカナを購入することができるのだ。ボクが訪れた際には「活イサキ入荷」、「活ウスバハギ入荷」という張り出しがあり、更に「若狭真鯛」と書かれた掲示もあって、いやはやなんともウラヤマシイ市場である。未だパクパクとやっているウスバハギを肴に一杯……、なんて最高ではないか！

【高浜漁港】舞鶴若狭自動車道大飯高浜IC下車、県道28号、国道27号とつなぎ、県道236号を介し、塩土市街を経て高浜漁港へ。JR若狭高浜駅より13分、950m。

【うみから食堂】福井県大飯郡高浜町塩土5-1
営業時間／10:00～15:30　土曜日曜のみ18:00～22:00
定休日／12月31日、1月1日
TEL／0770-72-3528

イカととろろの妙技「あっぱれ大漁イカ丼」1600 円。

高浜漁港を一望。オーシャンビューの「うみから食堂」。

「高浜町 6 次産業施設 UMIKARA」のフィッシュマーケットのイケス。こちらから選んだ魚を食することもできるのだ。

この赤い身の旨さ通常の三倍！

そんなフィッシュマーケットを横目に奥へとずいずいと進むと、更なるパラダイスが。「うみから食堂」と書かれた電飾看板のその先はオープンに開けており、窓いっぱいに広がるのは日天に輝く綿津見（わたつみ）……。ボクらは小躍りして、その開放的なレストランへと滑り込み、テーブル席に着くや否や、早速メニューを見つめる。

「炙りれんこ鯛の漬け丼」や「若狭の甘鯛パスタ」なんていう、とても気になるお品が並び、う〜む、マーケットのイケスや魚種は伊達じゃないのね……、と深く思い入る。あれこれと悩んだが、ボクらは「若狭マハタの漬け丼」と「あっぱれ大漁イカ丼」をチョイス。窓の外に広がる高浜漁港の見晴らしを楽しみながら、待つこと少し。至極見栄えのするそれらが運ばれてきた……。

先ず「若狭マハタの漬け丼」に箸を付ける。この丼が運ばれてきたその時、ボクのハートはスパークしていたのだ！　実は釣れたてのマハタの身は、乳白色の白身である。しかし、こちらのそれは朱に染まり、至極透明感がある。これは漬けタレの色味だけの効能ではなく、時を経た熟成という手間をかけた効能なのだ。この染まり具合と、向こう側が透けるような透明感ある仕上がりは、見るところ充分に寝かせて、最高の出番を待っていた様子だ。心嬉しくムフフという思いでパクリ！　思わず心胆が震える。この赤い身の旨さ、通常の三倍！

「高浜町６次産業施設UMIKARA」の門口。ガラス張りの三角屋根で、とてもお洒落だ。

若狭まはた
定地網に入ったマハタから
卵を取り県栽培センターで
受精させて約1年かけて
体長25センチ、重さ250グラム
まで育成。その後沿岸の
イケスに移して海面養殖
1000グラム以上に育てて
出荷する
カワイイざぁ！
2015年に
試験養殖を開始！
ブランド化に成功した
「若狭まはた」

実のところ、釣ったばかりのマハタは身がゴリゴリとして硬く、とてもじゃないけど刺身では食えたしろものではないのだ。冷蔵庫で2～3日は寝かせるというのがマハタのセオリーなのだが、温度と時間はとても重要で、こればかりは経験がものをいう。こちらのそれは、箸で掬うとプルン！　としてまるでコンニャクのような柔らかさと弾力。これ以上の理想はない。咀嚼するほど旨みが広がり、漬けタレとの相性も抜群で、脂の口溶け感と上品な甘みがじんわり溢れてくる。しかも味が濃く深い！　嗚呼、ヤバイ！　狂喜のマハタワールドが広がっていく……。

「若狭マハタというブランドで、養殖してるで、安定供給が可能なんです。イカ丼のイカは、アオリイカとアカイカを季節によって使い分けてます。他にも食べたい魚があれば、マーケットの水槽から選んでもらって、刺身にしますよ」。あまりの旨さに、次にお邪魔したときにも絶対に食べたいと思い、思わず品切れの季節があるのかと、ついつい根掘り葉掘り聞いてしまったのだが、こちらの常務取締役の河合徹さんが、ご親切にいろいろと御指南して下さった。しかし直買いできるとは、前記のイケスは益々伊達ではないと、更に深く深く思い入る……。

本日の「あっぱれ大漁イカ丼」はアオリイカということで、こちらも有頂天で頂く。噛みしめるや否や、心地よい食感と発散する甘み！　山芋に絡んだ甘口の醤油タレと大葉、海苔がその甘味をなお一層引き立て、実にご飯に合う。

咀嚼するほど旨味が広がって、嗚呼、実に幸せ……。

沢山のうんまいものを詰め込んだ腹の中はお魚楽園。暫く泳がせておくことにした。

「うみから食堂」のカウンター席よりの、高浜漁港の眺望。最高の居心地でご馳走を頂ける。

「若狭マハタの漬け丼」2100円。「福いいネ! tOtO-One グランプリ」で、見事グランプリを受賞!

日本海　魚 DATA

【マハタ】

スズキ目、ハタ科、マハタ属。鮮魚店では購入困難な超高級魚のひとつ。旬は晩秋から晩春。成魚は1mを超えるヘビー級。大きいほど味が濃く、脂がのる傾向にある。近年生息域が拡大しており、ルアーゲームの対象魚としても注目されている。ちなみにハタの語源は「斑（はん）」のある魚という意味。

日本海
富山県
朝日町

宮崎漁港（みやざきぎょこう）

**ご馳走の路、たら汁街道を行き
名物、たら汁ごはんの
こく深な旨さに魂震える！**

ドライブイン金森（かなもり）

梅初月日盛り。長年連れ添う愛車、T4ウェスティにて国道8号をゆるゆると流し、宮崎漁港を通過。このあたりは、たら汁を出すお店が連なるので「たら汁街道」と呼ばれている。

グゥ！　と鳴るお腹を諭しながら「ドライブイン金森　たら汁」と書かれた背の高い紅白の看板に導かれて駐車場へ。トラックドライバーにも大好評のこのお店は、当然ながら大型車両対応で、野球の試合ができちゃうんじゃない？　と思えるほど広大。台形のような独特の形状の店舗にも「ドライブイン金森」の店名が掲げられており、このドライブインという響きが先ずよろしい。昭和39年生まれのボクが幼少の頃は、ファミレスやコンビニなどは皆無だった。そんな中、ドライブインは街道の要所要所にあり、ドライバーのオアシスだったのだ。今は亡き父が駆るスバル360にて、一家4人ギュウギュウ詰めで訪れたドライブインはハイカラで、スパゲティナポリタンに無果汁のオレンジジュース、ジュークボックスなどのワクワクが未だ記憶に新しい。

【宮崎漁港】 北陸自動車道朝日 IC 下車、国道 8 号、県道 101 号、県道 60 号とつなぎ、宮崎漁港へ。

【ドライブイン金森】 富山県下新川郡朝日町境704　あいの風とやま鉄道 越中宮崎駅より徒歩 20 分。国道 8 号線沿い。

営業時間／ 9：00 ～ 18：30（L.O.18:00）

定休日／月曜

TEL ／ 0765-83-1525

「焼きサバ」を主軸にショーケースより選んだ品々。

宮崎漁港を過ぎると、国道沿いにヒスイ海岸が広がる。

小上がりとテーブル席が選べる店内。中央奥が、ヴィンテージ感溢れるショーケース。オカズがギッシリで楽しいのだ。

令和のドライブインに昂ぶり心ときめかせて啜る究極の逸品

そんなわけで、心胆昂ぶらせて店内へ。実はこちらへは何度かお邪魔しているのでボクらは迷わず名物「たら汁ごはん」を注文！　さらに角なしのアール状のガラスで仕切られた、ヴィンテージ感溢れるショーケースより「焼きサバ」と「玉子焼き」、「山芋」に「塩辛」、そして「ご飯」と「みそ汁」を注文。

「はい、おまちどおさまぁ～！」少しして待望のそれらが、ご主人の金森直司さんとこちらを二人三脚で営む、金森多喜子さんの手によって運ばれて来た。

何度か頂いたご馳走であるが、その豪快なサイズに再び驚かされる。汁の入った椀もご飯茶碗も、侠気溢れるビッグサイズで食いしん坊には嬉しい限り。ショーケースから選んだ品々も、巨大なトレーに計ったようにジャストギリギリで「焼きサバ」や「玉子焼き」などがひしめく様は、さらに食い気を誘う。

湯気と共によき香りを棚引かせ、タラの身の間に長ネギがちりばめられた「たら汁」は、いまにも溢れてしまいそうで、お椀を手に持って啜ることに至極危機を感じたボクは、レンゲをそっと差し込み、卑しいと思いながらも犬のように顔をつけズズズ！と勢いよく啜る……。

その須臾、お脳と舌が炸裂する。味噌仕立ての汁にはものすごい量のタラが投じられており、その身から素晴らしき味わいの出汁を抽出している。

赤白の六角看板が目印の「ドライブイン金森」。駐車場が広大なのでストレスを感じない。

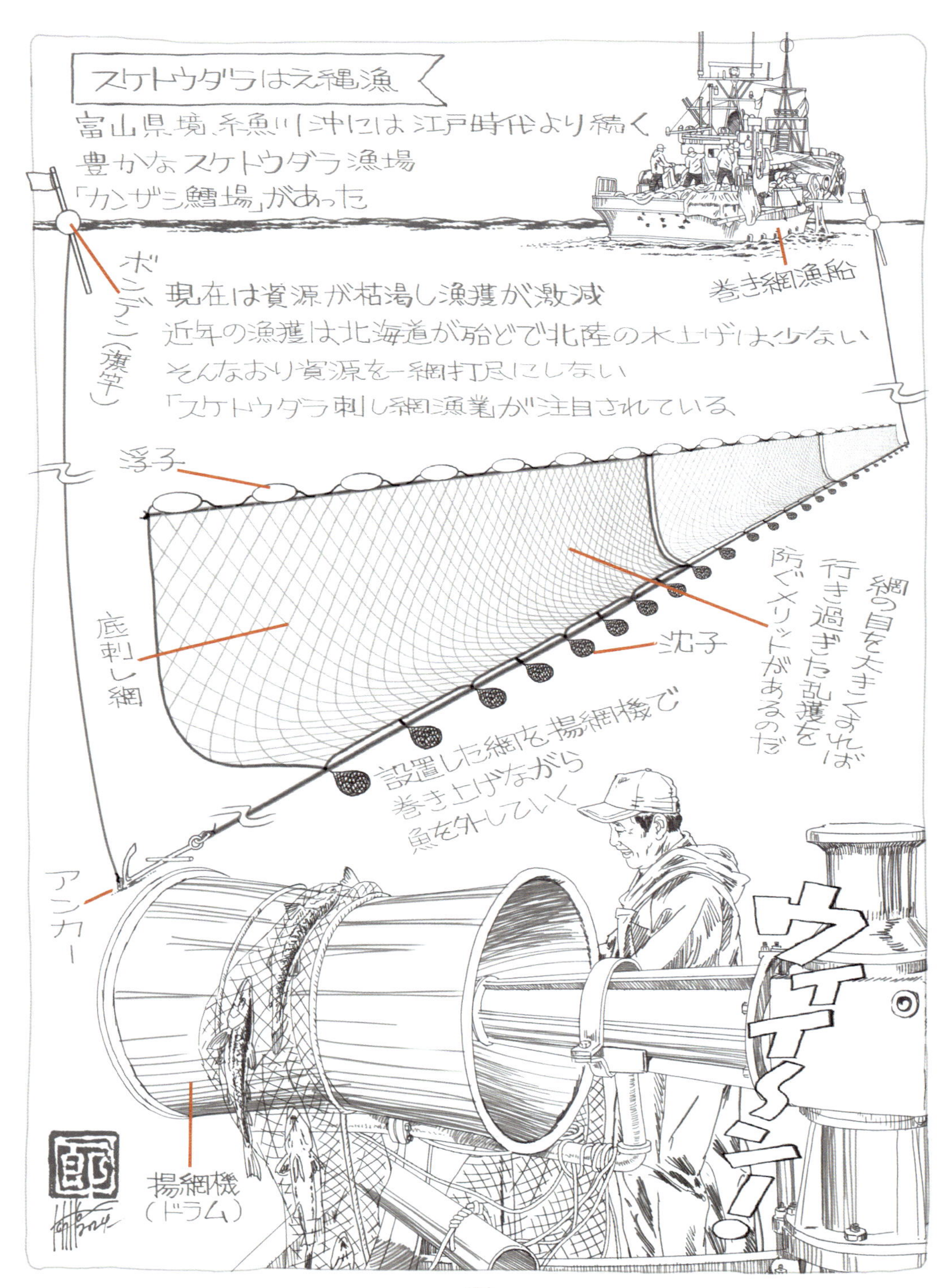

スケトウダラはえ縄漁
富山県境、糸魚川沖には江戸時代より続く
豊かなスケトウダラ漁場
「カンザシ鱈場」があった
ボンデン（旗竿）
巻き網漁船
現在は資源が枯渇し漁獲が激減
近年の漁獲は北海道が殆どで北陸の水上げは少ない
そんなおり資源を一網打尽にしない
「スケトウダラ刺し網漁業」が注目されている。
浮子
底刺し網
沈子
網の目を大きくすれば行き過ぎた乱獲を防ぐメリットがあるのだ
設置した網を揚網機で巻き上げながら魚を外していく
アンカー
揚網機（ドラム）
ウィィ〜〜ン！

さらに白子、タラコも全くもって遠慮なく加えられているので、いやはや、究極出汁の三重奏！　もとい、影の主役である味噌とまろやかにブレンドされているのだから、驚異のカルテットと呼ぶべきか！　とにかく手練れの漁師親父が作ったような力強い濃密さと、一流割烹の板前さんが心血を注いだような繊細さが見事にバランスする、暴虐的こく深なこの旨さに魂震える！

加えて白米と合わせるとこれまた神がかり的！　咀嚼する度に甘さと深さがより引き立ち、果たしてこのように旨きものが他に存在するのだろうかと、愕然としてしまう。ご飯が何杯でも食えてしまう、恐るべき米減らし最終兵器である！　ズゴゴ！と啜り、あっという間に完食してしまったボクら。

「味噌はね、塩気が多い方がいいんです。スーパーなんかの味噌は甘いから、特別に業者に作ってもらうとるんです」ご主人の金森直司さんが「たら汁ごはん」の旨さのヒミツを指南して下さった。

勿論、天下一品のお味は単品注文した品々も同様だ。カミサンとシェアしながら頂いたのだが、「焼きサバ」で採めた。「玉子焼き」や「山芋」のように、目分量で等分できなかったからである。申し分なく旨々である品々に、多くのトラックドライバーやツーリングライダーが集うのも至極頷けた次第……。

どうにも興奮して戦闘的になり、汗をかいてしまったのでバンダナで汗を拭ってお茶を啜る。ちょっとした放心状態のボクら。

令和のドライブインは、かくも禍福なる地上の楽園なのである……。

「ドライブイン金森」を日々切り盛りする、金森直司さんと多喜子さんご夫妻。

名物「タラ汁御飯」は、ご飯と漬けものが付いてなんと1000円！　一度食べたら病み付きなのだ。

日本海　魚DATA

【スケトウダラ】

タラ目、タラ科、マダラ属。スケソウダラとも呼ばれる。日本の食文化を支えてきた魚種。名称由来は家計を助けるから「助戸」とか、漁に人手がかかるので「助っ人鱈」など諸説がある。成魚は体長約70cm、最大で全長1m程度。旬は冬。卵巣がタラコとして有名だが、古くは「すけそうこ」と呼ばれていた。

日本海
富山県
射水市

新湊港（しんみなとこう）

市場直結の鮮魚店直営
幸せがたっぷり詰まった
賄い丼とかに丼を愛おしむ

きときと食堂

天然のイケスとして名高い富山湾（P149参照）の豊かな幸が、日々浜（市場）に上げられる新湊港。ここでは早朝のセリの他、全国的に珍しい昼セリが行われている。そんな活力溢れるこの港の魚を、創業以来85年に渡って仕入れているのが、新湊漁港目の前に店を構える「きときと食堂」を運営している「土屋鮮魚店」である。浜の敷地内にあって、鮮魚店買い付け直結！　となれば、鮮度も味も抜群の美味しいお魚をお値頃で頂けてしまうこと請け合いである……。

ボクらは早速「賄いづけ丼」と「かに丼」を注文。「賄いづけ丼」は、その日のお魚の漬けが入った目玉商品で、なんと700円と超お値頃。甘タレが絶妙に絡んだブリにサワラ、タコにイカなどが密に盛られた、数多の味が楽しめる絶品！

「かに丼」は濃厚なズワイガニが贅沢に詰め込まれた、カニ好き天国の至高の品である。お値頃とゴージャスという極端な選択を楽しんだボクらだが、これが大正解。胃袋は実にハッピーに満たされたのだった。

富山湾
新湊港
新湊きっときと市場
きときと食堂
放生津八幡宮
曼陀羅寺
八幡町
越ノ潟
万葉線
新湊中学校
高岡
東新湊駅

【新湊港】北陸自動車道小杉 IC 下車、国道 472 号、国道 415 号、かぐら通りとつないで新湊港へ。万葉線東新湊駅から徒歩約 10 分。東新湊駅から徒歩 8 分 600m。
【きときと食堂】富山県射水市八幡町1丁目1100
営業時間／ 5:30 ～ 14:30（L.O 14:00）
定休日／水曜
TEL ／ 0766-54-0310

「賄いづけ丼」は、なんと驚きの 700 円。

港と直結、さらに鮮魚店直営の「きときと食堂」。

鮮魚店直営の人気店で、メニューも百花繚乱とあって、昼前からお客さんで賑わっていた「きときと食堂」。

深海の使者、紅ズワイガニの強い甘味に翻弄される

「かに丼」は「紅ズワイガニ」が贅沢に詰め込まれた、かに好き天国の至高の品。お値頃&贅沢という、極端な組み合わせを楽しもうという発想なのだが、実は日本海沿岸で高額な「かに丼」も、こちらでは2000円と、これもお値頃である。

カウンターから呼び出しがあり、ボクらはお膳を持ってテーブルへ。「賄いづけ丼」は甘タレが絶妙に絡んだブリにサワラ、タコにイカなどが密に盛られ百花繚乱である。あまたの味が楽しめることは実に楽しい。具はおまかせなのだが、さすがは鮮魚店！どれも大きく甘く柔らかく深い。これが賄いとはなんとも贅沢だ。

「かに丼」にはまるで野積みにされた丸太のように、ボイルされた「紅ズワイガニ」が遠慮無く盛られている。我慢できずにその丸太の一本を箸で口に運ぶ。その須臾（しゅゆ）、ジューシーかつ強い甘味に翻弄される。嗚呼、なんという禍福！

「紅ズワイガニ」は「ズワイガニ」より味が落ちる、なんていわれていたのは遙か昔の話で、この世評はおそらく価格からきたものだろう。現在はブランド化が進み、解禁とともに旬を味わう多くの客人で、港は大いに賑わうのである。

ちなみに「紅ズワイガニ」はいわゆる「横ばい」はしない。蟹なのに、なんと真っ直ぐ進むのである。深海の海底を「縦ばい」する「紅ズワイガニ」の幻影をお脳に描きつつ、その旨さに舌鼓。幸なる時はゆっくりと流れるのだった……。

「きときと食堂」を営業する「土屋鮮魚店」。の店内。富山県射水市港町 20-28。

富山湾の深海から上がった「紅ズワイガニ」の魅力がたっぷりと詰まった「かに丼」2000 円。

日本海　魚 DATA

【ベニズワイガニ】

十脚目、ケセンガニ科、ズワイガニ属。ズワイガニとは種類の異なる深海性のカニで、本種は 500 ～ 2500m の深海に棲む。水分が抜けて鮮度が落ちるのを防ぐため、市場では裏返しにして並べられ、その様は秋の風物詩となっている。雄は雌よりも大型で甲長 12cm、甲幅 12cm 前後となり足が長く太い。

日本海
鳥取県
琴浦町

赤碕漁港（あかざきぎょこう）

いにしえの古きよき漁港を訪ね 白イカ丼と満艦飾の極上定食に 心胆満たされた小夜

魚料理 海（うみ）

逢魔時（おうまがとき）の国道9号を、愛車にてゆるゆるとクルーズする。師走のこの時期はお天道様も忙しく、あれよという間に辺りは漆黒の闇である。

港に至ると闇は益々深くなり、集魚灯を点した漁船が眩しく輝いて、まるで宇宙空間に浮かんだ宇宙船のようである。黄昏に染まる赤碕漁港のクライマックスを写真に納めようと、ひたすら走ったのだが残念。代わってとても不思議な絵が撮れた。

赤碕漁港のその歴史は古く、江戸時代には船番所が設置されていた。大坂に廻送する年貢米を納める藩倉（はんそう）が並び、北前船も港内に多く係留されて賑わいを見せたという。

光り輝く漁船を見つめ、かくの如き時代の移ろいを憶えつつ、赤碕漁港より丘を登ると「海」と書かれた光り輝く看板が！　これは人間用の集魚灯か？　と察しつつ、日本海の風物詩である「漁り火」に集まるイカのように、引き戸を開いて店内へ。煌々と照らされた店内は大勢のお客さんで賑わっていた。

数多のメニューが書かれた壁の張り出しも、眺めていて実によい。

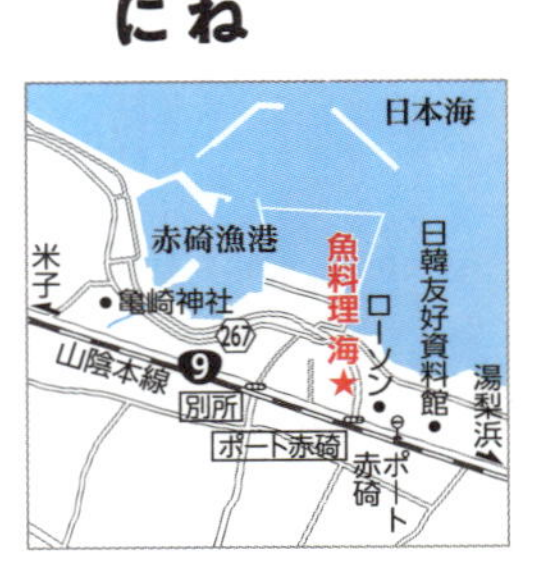

【赤碕漁港】各高速道路より国道９号へ。鳥取県道 267 号にて赤碕漁港へ。
【魚料理 海】鳥取県東伯郡琴浦町別所267- 1
JR 隣八橋駅から 1.2 ㎞。
営業時間／ 10:30～14:00　17:00 ～ 21:00（受付 20:00 ／ L.O. 20:30）※混み具合によって早じまいあり
定休日／木曜
TEL ／ 0858-55-0889

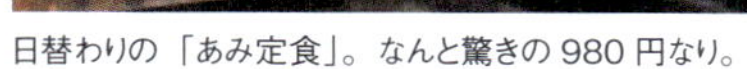
日替わりの「あみ定食」。なんと驚きの 980 円なり。

業務用フライヤーでジュッ！　と弾けるアジフライ。

店内は広角レンズにも入りきれないかなりのキャパシティ。営業時間も長いので、日本海の幸を存分に楽しめるのだ。

あまたのご当地名称と標準和名
これぞ魚食を取り巻く豊かさの指標なり

うんうん、当たりだ！　と心の中でつぶやく。平日21時、ラストオーダー20時30分という張り札もあり、閉店時間が早い地域にて、このお店は極めて希有な存在だ。

数あるメニューを楽しみつつ、ボクらはその日のお魚が多種多様に楽しめるという「あみ定食」と、この地域の名物である「白イカ丼」をオーダーする。

ちなみにここ鳥取での「白イカ」は標準和名でいうところの「ケンサキイカ」である。その「ケンサキイカ」は、関東では「赤イカ」と呼ばれる。そしてここ鳥取で「赤イカ」というと巨大な「ソデイカ」を指すので、いやはや、ややこしい。

そんな数多の呼び名があることは、四季や海流の流れによって状況が著しく変わり、さらに、長きに渡る風習に形作られた独特の漁法と食文化が、東西に長い国土に散開する我が国にはよくあることで、これぞ魚食を取り巻く豊かさの指標である。

ややこしい能書きはさておき、運ばれて来たお品を前に心騒ぎが止まないボクら。「煮魚はアカウオ、お刺身はフクラギ、フライはアジになります」配膳してくれたお姉さんに、各レシピの魚種を訪ねるとご親切に指南して下さった。

それにしても「あみ定食」のお品のなんと多いこと！　お値段から察すると、これは相当の大出血サービスだ。お店の太っ腹な心意気に感謝しつつ、早速頂きます！

先ずは「白イカ丼」に箸を入れ、ご飯と共にガッツリ口の中へ……。

夜陰を煌々と照らし、趣溢れる「魚料理 海」。「道の駅ポート赤碕」隣と、立地も抜群だ。

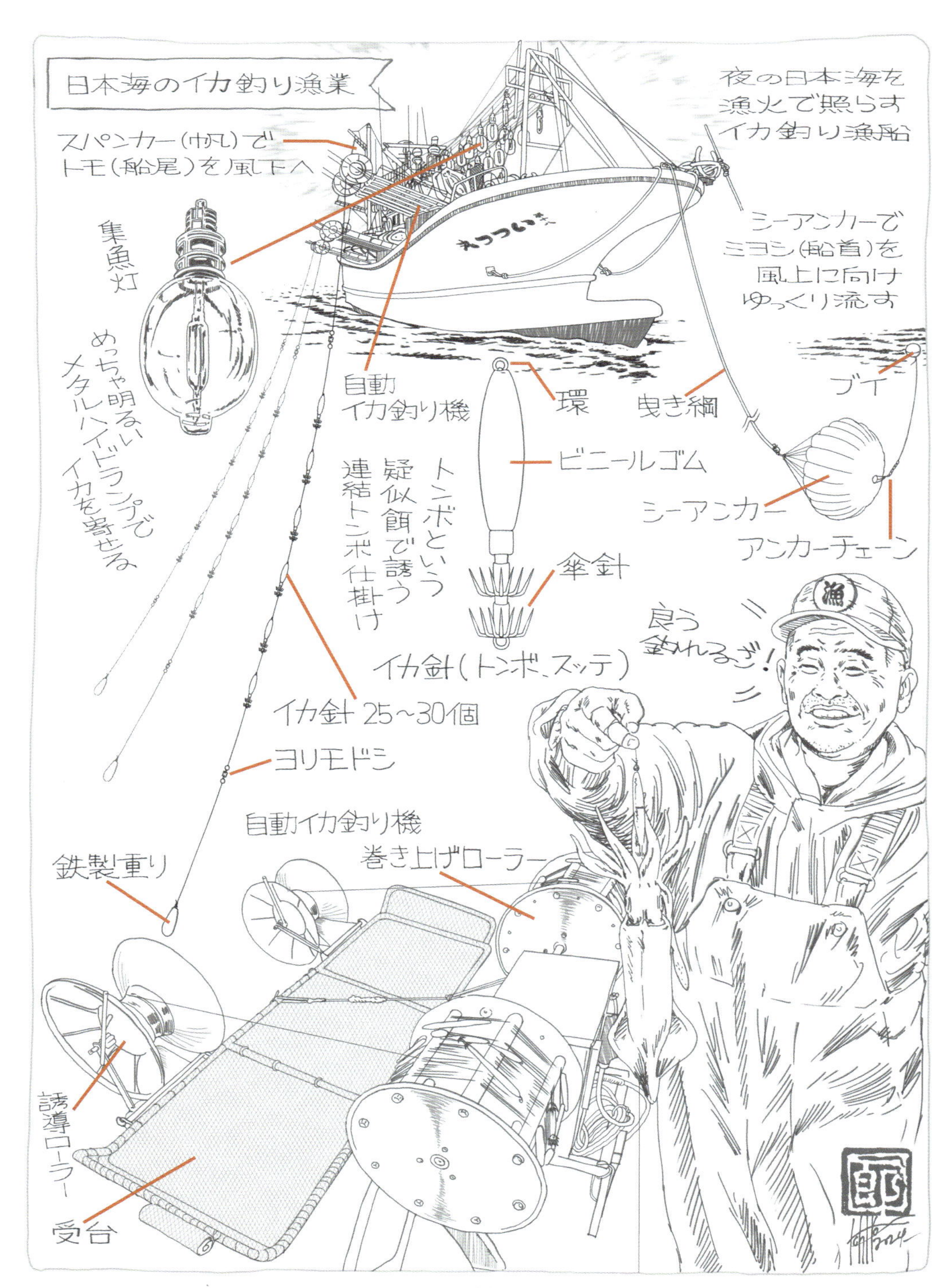
日本海のイカ釣り漁業
夜の日本海を
漁火で照らす
イカ釣り漁船
スパンカー（帆）で
トモ（船尾）を風下へ
集魚灯
めっちゃ明るい
メタルハイドランプで
イカを寄せる
シーアンカーで
ミヨシ（船首）を
風上に向け
ゆっくり流す
自動
イカ釣り機
環
曳き綱
ブイ
ビニールゴム
トンボという
疑似餌で誘う
連結トンボ仕掛け
シーアンカー
アンカーチェーン
傘針
良う
釣れるぞ！
イカ針（トンボ、ズッテ）
イカ針 25～30個
ヨリモドシ
自動イカ釣り機
巻き上げローラー
鉄製重り
誘導ローラー
受台

ねっとりとした甘い身には歯ごたえもあって、甘だれがさらに深い味わいを醸し出す。そしてショウガの辛みがアクセントとなって絶妙に飯に合う。実は注文時に「生姜が入りますけど大丈夫ですかね？」と、お姉さんがわざわざ聞いて下さったので、遠慮なくお願いしますと返したのだ。生姜が苦手な方もいるのかも？　というお店のご配慮だと思うが、生姜は白イカの甘味をなお一層引き立て、結果、大正解である。

続いてお箸は「あみ定食」へ！　お値頃なのに満艦飾のこの定食は、その日のお魚が乗る御膳上等なお品である。早速「アカウオ」に箸を入れる。柔らかく煮付けられたそれに箸はすっと入り、パクリ！　とやると甘い香りと共に濃厚な旨みがにじみ、口の中を幸せが泳ぎ出す。なんて〝うんまい〟のだろう！

「アカウオ」は赤魚の総称で、地方によって様々な魚種がそれに該当するが、実は標記にルールがあるのだ。消費者庁所管の「魚介類の名称のガイドライン」によると、「モトアカウオ」、「アラスカメヌケ」、「チヒロアカウオ」の三種類が正規に「アカウオ」を名乗れるのだそう。中でも浜（市場）で古くより多々流通しているのが「アラスカメヌケ」で、トロ箱にすらりと並んだ、正しく真っ赤なその姿は圧巻だ！

お造りの「フクラギ」はブリの若魚で、日本海産のものは脂が乗って絶妙に旨い！「アジフライ」は誰が文句を付けようかというできのよさで、これぞＴＨＥ・お魚フライ！　これだけの逸品がギッシリと盆に並んだ「あみ定食」恐るべし！

「魚料理　海」の店名は伊達じゃないのだ。お魚料理尽くしの日本海のように広く深い禍福の世界に、ボクらはうっとりとして目を閉じるのだった……。

とても深い味わいだった「あみ定食」の「アカウオ」の煮付け。日替わりとなるのも楽しい。

とろける甘さと生姜のパンチが癖になる「白イカ丼」1600円。日本海産の「ケンサキイカ」を存分に楽しめるのだ。

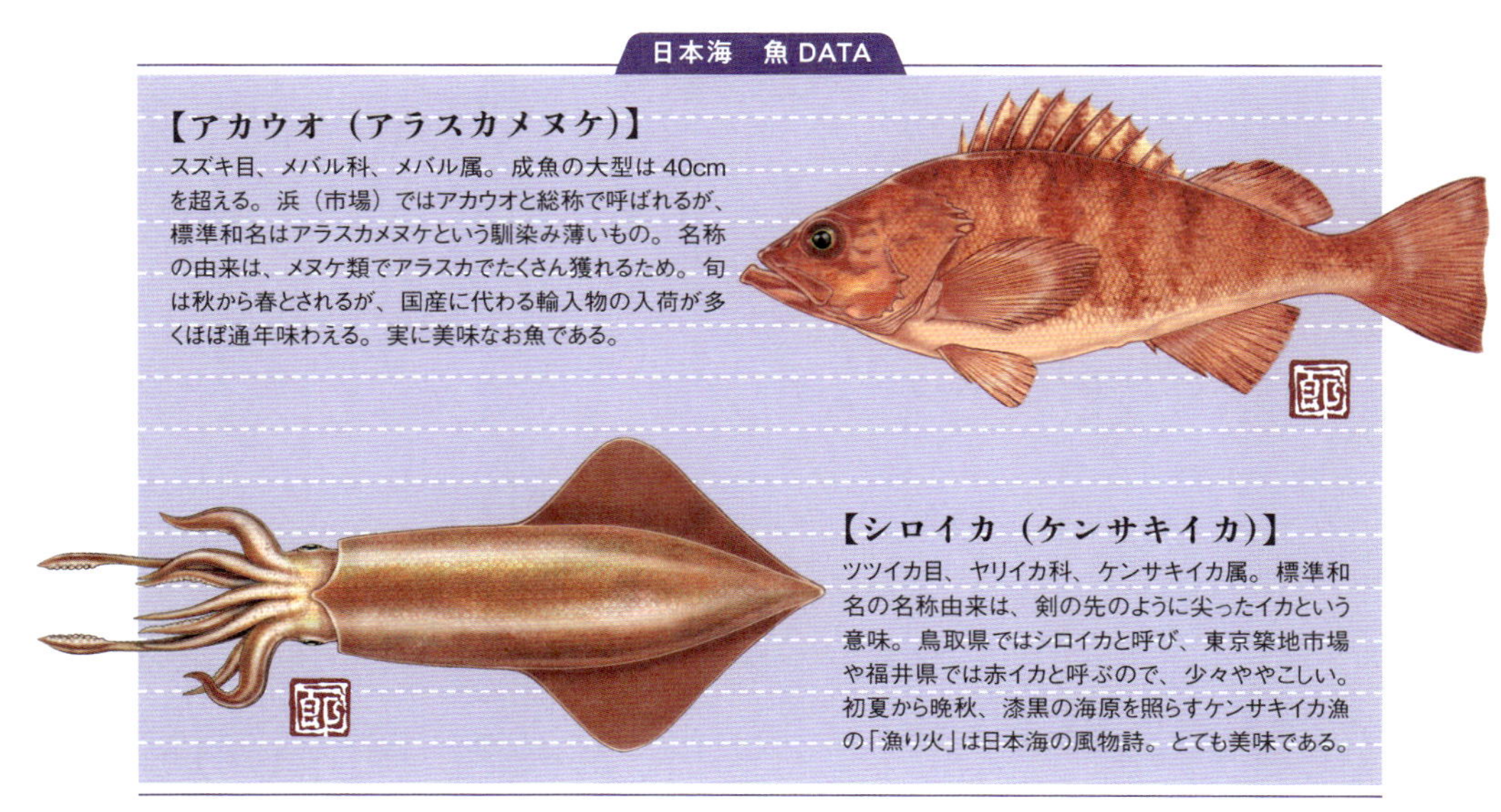

日本海　魚 DATA

【アカウオ（アラスカメヌケ）】

スズキ目、メバル科、メバル属。成魚の大型は40cmを超える。浜（市場）ではアカウオと総称で呼ばれるが、標準和名はアラスカメヌケという馴染み薄いもの。名称の由来は、メヌケ類でアラスカでたくさん獲れるため。旬は秋から春とされるが、国産に代わる輸入物の入荷が多くほぼ通年味わえる。実に美味なお魚である。

【シロイカ（ケンサキイカ）】

ツツイカ目、ヤリイカ科、ケンサキイカ属。標準和名の名称由来は、剣の先のように尖ったイカという意味。鳥取県ではシロイカと呼び、東京築地市場や福井県では赤イカと呼ぶので、少々ややこしい。初夏から晩秋、漆黒の海原を照らすケンサキイカ漁の「漁り火」は日本海の風物詩。とても美味である。

日本海
鳥取県
境港市

境港（さかいみなと）

はまかぜ

古きよき港町の妖怪小路に ひっそりと佇む大人の隠れ家 心染みいる二種丼と地魚定食

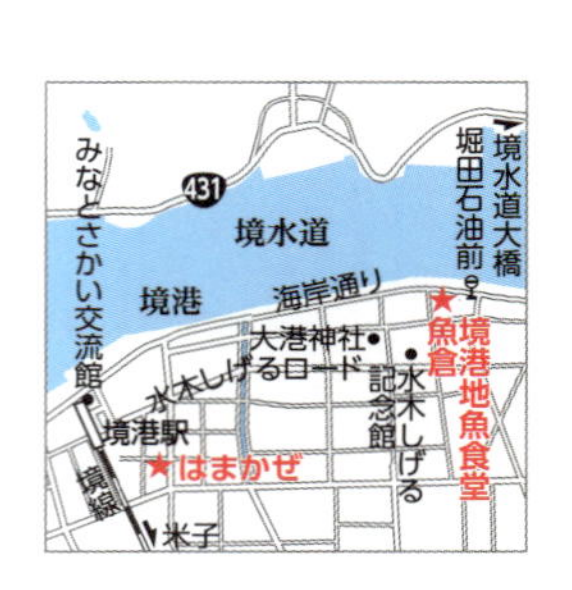

境港は実に心昂ぶる海港で、先ずその景観が奇異で面白い。川のような景観の境水道とそそり立ち迫り来る島根半島。さらに「ゲゲゲの鬼太郎」のキャラクター像がならぶ水木しげるロードは、異界感と歴史ある町並みとが相まってとても面白いのだ。かような水木しげるロードの近くにお店を構えるのが「はまかぜ」である。

「以前は店舗やったんですけど、コロナを機に自宅で始めたんです。お魚はその時期の旬のもので、終わり次第終了になってしまうんです」と、教えて下さったのはこちらの代表、田中洋子さん。自宅を改装した店内は、大人の隠れ家的で実に落ち着く。

ボクらは「イカとエビの二種丼」と「地魚定食」を頂いた。二種丼はアカエビとアオリイカ、定食はサワラ焼きにサゴシ（サワラの若魚）アオリイカ、クロミル貝などが盛られた海鮮丼、小鉢も沢山付いてお値頃。どちらもカエデの葉が添えられ雅。

そのお味はどれも旬とあって圧巻の旨さである。街の喧噪から離れた情趣ある店内と相まって、旬魚の美味なる世界はなお一層深く、心に染みいるのである……。

【境港】米子自動車道米子 IC 下車、国道 431 号から海岸通りを介し境港へ。
【はまかぜ】鳥取県境港市大正町127-2　JR 境港駅より徒歩 6 分。350 m。
営業時間／［月・火・木・金］11:00 ～ 14:00 ［土・日］11:00 ～ 16:00（夜は予約のみ）
定休日／水曜
TEL ／ 0859-47-4545

甘深さのデュオ「イカとエビの二種丼」1800円。

行楽地よりほんの少し離れた、大人の隠れ家的店内。

サワラ焼き、ネギス南蛮漬け、サゴシなどの海鮮丼と小鉢。その日の旬魚が並ぶ「地魚定食」1500円。

境港地魚食堂 魚倉（うおくら）

その日浜に上がった朝どれの魚 かくも贅沢なオコゼとアナゴ

境水道に面した境港の波止が目の前。マグロのオブジェで直ぐにそれと分かる大型施設「海鮮フードコート」。その中央に暖簾（のれん）を出すのが「境港地魚食堂 魚倉」である。鮮魚店や浜焼き店、寿司店も入るこのフードコートは、好立地とあって流石の人気である。壁を飾る各店舗の張り出しや大漁旗に、ワクワクしながらテーブルに着く。

「魚種が多くて大変やけど、その日浜に上がった魚を、朝どれのメニューに間に合わせるよう頑張っとります」御指南頂いたのは店長の柴田崇規さん。この日のお勧めを訪ねると、「オコゼ唐揚げ・地魚刺盛定食」が既に売り切れ直前だということで、慌てて注文。さらによく出るという「穴子天丼」もお願いした。

「オコゼ」は「オニオコゼ」の別名で、高級魚として古くから珍重されている。見かけは不細工だが、味は最高！　といった体の代表魚のような存在である。

待望の2品が運ばれて来た。熱々の「オコゼ唐揚げ」に躊躇なく手を出し、酢醤油に漬けてパリパリと頂く。鳴呼、なんという香ばしさと食感！　身はあっさりと甘く、実は皮が味わい深い。「穴子天丼」にも手を出して違いを堪能する。むっちりとして甘く、ジユッ！　と脂が溢れる食感は甘だれとよく合って、止まらない旨さである。美味しさが呼び水となり鳴呼、止まらない。壁の張り出しに魅入るボクらであった。

賑わう「境港地魚食堂 魚倉」の店内。左右には寿司店、鮮魚店もあり実に楽しい。

【境港地魚食堂 魚倉】 鳥取県境港市相生町33 HATONOVA 三光丸 境港（海鮮フードコート）JR境港駅より徒歩12分。900m。
営業時間／7:00～14:00（LO. 14：00）
定休日／火曜
TEL／0859-30-3015

売り切れ御免。「オコゼ唐揚げ・地魚刺盛定食」2000円。

甘さと食感最高の人気商品。「穴子天丼」1800円。

日本海　魚DATA

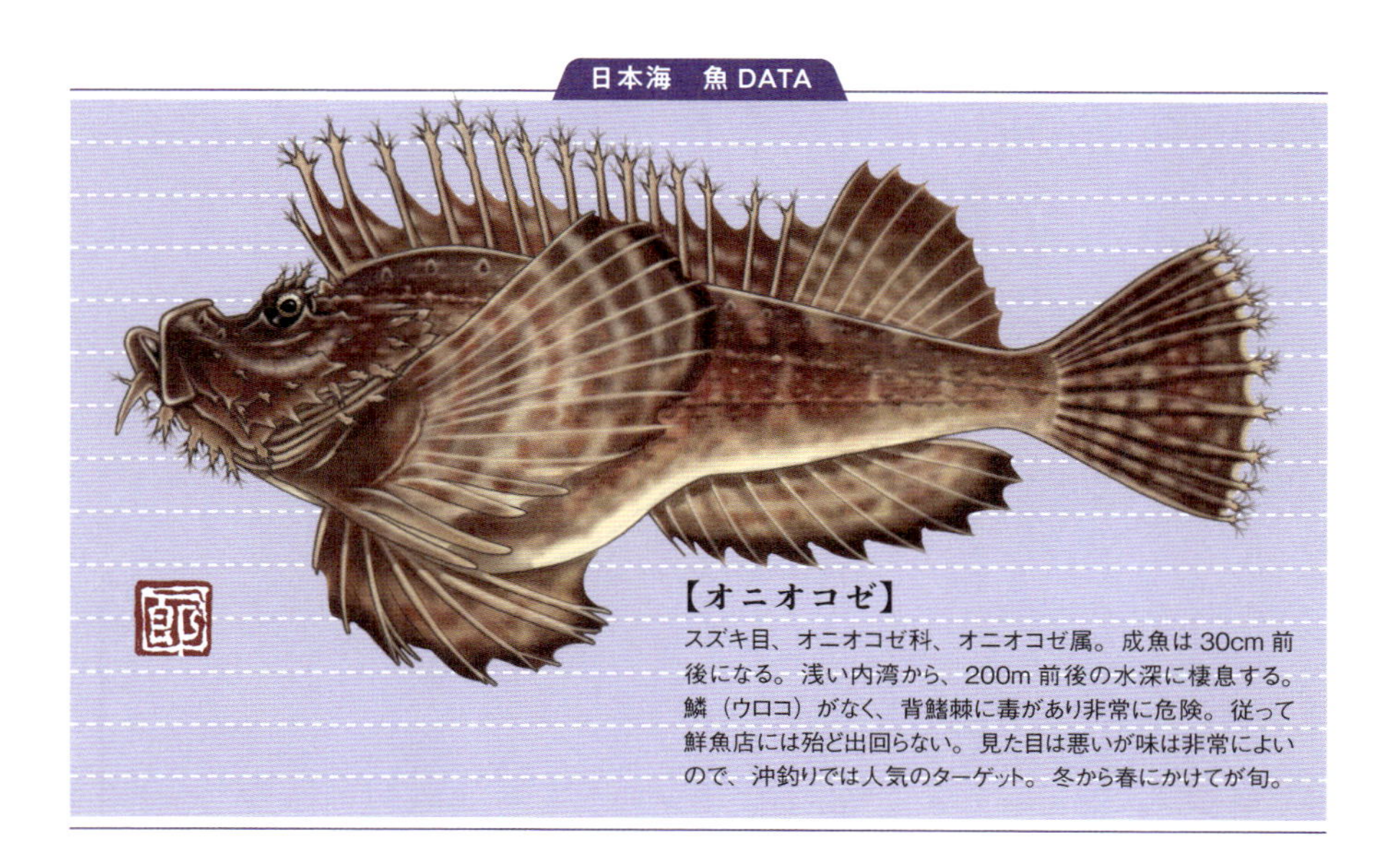

【オニオコゼ】

スズキ目、オニオコゼ科、オニオコゼ属。成魚は30cm前後になる。浅い内湾から、200m前後の水深に棲息する。鱗（ウロコ）がなく、背鰭棘に毒があり非常に危険。従って鮮魚店には殆ど出回らない。見た目は悪いが味は非常によいので、沖釣りでは人気のターゲット。冬から春にかけてが旬。

おわりに

約束の楽園、漁港食堂……。

ボクには小学生の頃から、どういうわけか脈絡のない放浪癖があった……。

親にはちょっと友達と出かけてくると適当な行き先を伝え、遠く離れた湖や河川の上流へと友とつるんで自転車を必至に漕ぎ、魚達との出会いに熱くなっていた。故、矢口高雄先生の「釣りキチ三平」が大ブームだった当時、そうやって釣った魚達をお脳に記憶して、学校でそれを描くと「おまえすげぇな」となる。そのような評価が嬉しくて、放蕩の距離はどんどん伸び、いつしか自転車はバイクに……。

バイクに跨がったときには、背中に翼が生えたような気持ちになって、無謀にも寝袋と小銭、それと釣り竿という装備で、テントも持たずに地べたで自由を謳歌していた。そんな旅が今のボク、「放浪釣り絵師」の原点となったことはいうまでもない。

気付けば日本中を車中泊にてグルグルと周り、時には航空機にも便乗し、釣って、喰って、寝転んでとやっていたら、旅をして絵を描くということが仕事になっていた。

旅はいよいよ40余年目となり、溌剌としていた放浪癖少年も髪がすっかり薄くなってしまったが、やっていることは今も昔も大差がない。

面白いことに、旅で多幸感を強く感じる行き先には、岬や半島の突端、路のどん詰まり地点が多いのだ。いわゆる西っぺりだの東っぺりだのといわれる、果てである。

そんな行き止まりの到達地点には、圧倒的に港が多い。勿論、幽深の深山や原生林にも楽園は多々あるのだが、気付くと殆どの行き着く先が「漁港」なのである。それは何故なのだろうと推し量るに〝うんまいもの〟をいただけるからに他ならない。「漁港」には素晴らしき「漁港食堂」があるからだ。

北海道ではバフンウニやサケに舌鼓を打ち、三陸ではアイナメの味噌焼きやホヤを堪能した。北陸のたら汁、アマダイにズワイガニ。古式捕鯨発祥の地、和歌山県太地町のクジラ料理、マグロにアオリイカ。沖縄県宮古島のコブシメにスマガツオ……。そんなご馳走を探し、狭小で、いささか珍妙に造形された漁師町を歩くことは、日常を離れてちょっとした異界に触れるようで、胸がワクワクして最高に愉しい。

なによりも古来より流れ来るものを受け入れてきた、明るく、あっけらかんとして、それでいて情に厚い港の人達との関わりが、ボクには面白くて仕方ないのだ……。

本誌はそんな港で「漁港食堂」を切り盛りする方々の、温かなご協力があって完成した次第である。飛び込み取材にも関わらず、心温まるご対応でボクにお話を聞かせてくれた板前さんや賄いさん、大将にママに若旦那に大旦那、漁港をとりまく数多の方々、さらに出版の機会を与えて下さり、全力で書店営業に取り組んで下さった西日本出版社の内山社長、どうしょうもないボクを鼓舞し、この一冊にまとめて下さったｍｉｃｒｏ ｆｉｓｈの酒井さんと皆様、多くの関係各位諸兄に改めてここで深くお礼を申し上げたい。ありがとう。そして御馳走様でした。

よき旅とよき魚食を……。ラヴアンドピース。

うぬまいちろう

1964年生まれ。神奈川県川崎市出身。イラストレーターとして広告、書籍、雑誌と多岐にわたり活躍する傍ら、趣味の釣りが高じて、釣り関係の書籍を6冊執筆するほか、釣り専門チャンネル「釣りビジョン」が主催する管理釣り場トーナメント番組「トラウトキング選手権大会」のMCとして20年に渡って活躍した。近著に「東京湾 相模湾 駿河湾 旨い魚を探す旅 漁港食堂」（オークラ出版）、「日本全国地魚定食紀行」（徳間書店）がある。キャノンCPS。サンヨーナイロン・ラインアンバサダー。

大阪　京都　神戸から行く

漁港食堂

2024年9月12日 初版第一刷発行

著　者	うぬまいちろう
発行者	内山正之
発行所	株式会社西日本出版社 〒564-0044　大阪府吹田市南金田1-8-25-402 ［営業・受注センター］ 〒564-0044　大阪府吹田市南金田1-11-11-202 Tel 06-6338-3078　fax 06-6310-7057 郵便振替口座番号 00980-4-181121 http://www.jimotonohon.com/
企画・編集	酒井ゆう（micro fish） 桑原咲羽（micro fish）
カバーデザイン	天野昌樹
本文デザイン	平林亜紀（micro fish）
編集協力	喜多幸治、酒井圭祐、鵜沼泰子
地図制作	庄司英雄
印刷製本	株式会社光邦

ISBN978-4-908443-89-3